核心素养与学校课程建设论丛

主 编 左 瑛
副主编 吴晓昊 赵晓燕

U0639004

研行锦绣

基于学生核心素养的"研行课程"体系建设

黄 锐◎著

天津出版传媒集团

天津人民出版社

图书在版编目（CIP）数据

研行锦绣：基于学生核心素养的"研行课程"体系
建设 / 黄锐著. —— 天津：天津人民出版社，2024.1
（核心素养与学校课程建设论丛 / 左璜主编）
ISBN 978-7-201-19791-3

Ⅰ．①研… Ⅱ．①黄… Ⅲ．①基础教育—课程建设—
研究 Ⅳ．①G632.3

中国国家版本馆CIP数据核字（2023）第175386号

研行锦绣：基于学生核心素养的"研行课程"体系建设

YANXING JINXIU JIYU XUESHENG HEXIN SUYANG DE YANXING KECHENG TIXI JIANSHE

出　　版	天津人民出版社	
出 版 人	刘锦泉	
地　　址	天津市和平区西康路35号康岳大厦	
邮政编码	300051	
邮购电话	（022）23332469	
电子信箱	reader@tjrmcbs.com	

责任编辑	吴　丹	
装帧设计	卢炀炀	

印　　刷	北京虎彩文化传播有限公司	
经　　销	新华书店	
开　　本	710毫米×1000毫米　1/16	
印　　张	11.75	
字　　数	160千字	
版次印次	2024年1月第1版　2024年1月第1次印刷	
定　　价	68.00元	

编委会成员

吴　丹　赵　鼏　张贵民　陈桂杰
罗艳青　祝　珂　苏伟杰　石冬岩
刘素敏

总　序

　　欢迎您加入我们,探索以核心素养为本的学校课程建设之旅,本套丛书是我们与河南省郑州市中原区的课程改革实验学校共同完成的成果。我们聚焦未来,注重学生核心素养的培养,深入一线实践,通过理论研究和实践探索,重建学校课程体系。我们期待与您一起,共同推进教育现代化,助力学生全面发展。

　　每个孩子都是独一无二的存在,有着独特的梦想、才能以及对世界的观察和认知。但在传统的学校教育模式特别是应试教育模式下,这些特质往往会被忽视或掩埋,使孩子们无法充分发挥潜能,也难以找到适合自己的学习之道。旨在促进孩子们发展的学校课程,也在追逐所谓"质量"的途中逐渐异化了,将学生的发展让渡给了规范的课程与学科知识,而真正充满生命力的孩子正在学校课程的场域中则被边缘化。孩子们为什么要学习语文,背诵积累甚至抄写那么多字词句? 为什么要学习数学,做那么多题目? 为什么要逼迫自己去背诵外语的词汇与语法? 走着走着,大家都似乎忘记了我们一开始出发的那个地方。一切学校课程建设的出发点,都应该是源于学生的生命成长。我们需要重新审视,重塑课程教育,在保证教育质量的前提下,更加注重孩子的生命成长,构建一个真正适合孩子全面发展的学习环境。

　　因此,我们推动这个项目的初衷在于,建立育人为本的多元化课程体系,重新检视学校课程开发与实施的目的,重新回归学生发展核心素养来重新建构课程体系,回到儿童的世界本身,让孩子们在课程学习中发现问题、解决问题并实现自我价值。我们相信这种课程模式将会成为新时代发展的主流,培养更多未来的人才,为社会的进步贡献力量。

基于学生发展核心素养为本的学校课程体系建设究竟应该是怎样的?我们主张,必须要深耕学校的文化场域,深挖学校的精神品质,传承学校的核心价值,充分建基于学校的特色之上。因此,这套丛书中的每一种课程体系,都彰显出了学校品牌特色与课程建设的完美融合。如外语特色学校建设了"融合课程体系"、足球特色学校建设了"脑体全优能课程体系"、新建校基于儿童的立场建设了"童年课程体系"、立足核心价值追求的学校建设了"美好教育课程体系",还有我们的"幸福课程体系""沁润课程体系"等等。无论是哪一种课程体系,都是融入了学校文化生命的一种课程理想,都是一种课程改革实践者努力实践的成果。

我们始终认为,学校课程体系建设是一个系统工程,是一个长期坚持的过程。回望每所学校在建设学校课程体系中的点点滴滴,在这个过程中,我们总是被各种人、各种事感动着。中原区的每所实验学校在推动核心素养为本的课程改革的过程中,始终追求品质、守中归原,学校的领导和老师们始终坚守初心,无所畏惧,敢于突破、敢于创新。我们并不满足于只在简单的国家课程、地方课程与校本课程之间徘徊,而是用"爱和专业",不断创新着新的课程路径、开发着新的课程内容,谱写着属于我们的课程故事。

每一次,在召开课程建设推进工作会议时,我们总会重申这样一个信念:"我们做课程,绝对不只是为了改革而改革,我们必须始终牢记,我们做这一切的目的,是为了每一个孩子的未来。我们的课程体系,必须始终以孩子为中心,以发展他们的核心素养为本,让孩子们能够真正面向未来,奠基幸福的人生。没有真正帮到孩子的课程,我们宁可不做。"正因为坚守这一信念,我们一直走到了今天。当然,还会坚定不移地朝着明天继续走下去。

核心素养究竟是什么？我以为，它是教育去适应时代变革的必然产物，是人类来到了信息化、智能化时代对教育目的的重新审视和定位。新时代给我们带来了许多机遇，也带来了许多挑战，其中对教育形成的最大挑战就在于不断爆炸式增加的教育资源、学习内容与学习者有限时间和精力之间所形成的巨大冲突。这种冲突直接带来的后果就是孩子们越学越多，越学越觉得时间不够用。大家似乎都被卷入了一个无法停止的教育漩涡中，学习任务一个接着一个，课程不断地在增加，而孩子们的学习时间早已饱和。因此，所有教育人都应该停下脚步，反思教育应该向何处去。基于对这一核心问题的思考，新一轮的课程改革提出了"核心素养"为本的理念，这一理念的核心思想就是"减负提质"。因此，核心素养为本的学校课程体系绝对不是随意做加法，而是科学地做减法。

为此，核心素养为本的学校课程体系建设，始终坚守一个核心——"课程"，以整体主义作为方法论基础，围绕课程建设，实现德育活动、校园文化建设、课程内容体系、教学过程、教师发展等全方位一体化的改革。在短短几年建设的过程中，我们的实验校、学校老师、孩子们都在不断飞速地发展，收获了成长的幸福，收获了创新的喜悦。

今天，这套凝结着无数课程人思想与行动的丛书即将付梓。作为丛书的主编，倍感欣慰。我想特别骄傲自豪地说，所有这些学校的特色课程体系建设，都是我们对教育的深思，都是我们对学校课程创新的一次大胆尝试，更是我们每所学校对教育理念的执着与坚持。这样的尝试，这样的探索与坚持，在一定程度上丰富和拓宽了我们的教育视野，更为我们未来进一步深化基础教育课程改革做出了示范。

最后，我想借此机会，向所有参与这个项目的领导、老师和学生们表示深深的感谢，是你们的付出和努力，使得这个项目得以实现，使得这套丛书得以诞生。

"教育是一场长跑，我们需要的不仅是速度，更需要的是方向。"是的，这套丛书就是我们在这场长跑中，对方向的思考、探索与坚持。我相信，这套丛书的出版，不仅仅是我们这群热爱教育的人探索核心素养为本学校课程建设的阶段性成果，更是一种能够点燃无数未来想要继续探索学校课程建设人梦想的力量。

2023年6月28日
撰写于 华南师范大学

目　录

第一章 "研行"文化品牌缘起与发展

第一节 立足"品质教育" 打造"研行"品牌

教育的根本任务是"立德树人",培养德才兼备的国之栋梁。为办好人民满意的教育,河南省郑州市中原区自2013年起,便开始了开展品质教育的实践探索,围绕"新时代中原教育更加出彩"的愿景,聚焦"建设高质量教育体系"的目标,打造以高质量教育体系为引领的"学在中原"教育品牌,并基于立德树人根本任务,提出"守中归原"这一品质教育的精神理念,将其作为中原区的教育哲学。时至今日,已经形成了颇具中原特色的品质教育的发展路径和发展模式。

品质教育有三大追求:培育品质学生、塑造品位教师、创建品牌学校。品质是什么?"品",即品德、品行,以品立人,实现品德高尚、品行端正,教人有德、教人之才、育人之身,育人效果要让老百姓赞不绝口。"质",以质立校,以高质量的教育体系实现工作推进的高质量,培养人的高素质,简言之,就是要理念先进、做工精细。

郑州市中原区锦绣小学(以下简称"锦绣小学")坐落于郑州市国棉四厂的旧址上,棉纺业的兴衰展示了时代的变迁,曾经的地标也赋予了学校更多的意义:传承一代代郑州人、棉纺人勤奋拼搏的精神、破旧立新的决心,同时用中原品质教育为老辖区的居民带来福祉,让新一代的少年儿童学有品质、学有未来。自2015年建校,培育品质学生、塑造品位教师、创建品牌学校便成了我们认真执着的教育追求,打造什么样的品牌,成为我们一直在思考的课题。

2019年,锦绣小学参与中原区"以核心素养为本的学校课程体系建设与学校整体变革创新实验项目",在品质教育理念的引领下,我们对"守中归原"教育哲学进行了深入的解读。什么是守中归原?"中"即中国心、民族魂,是德之根本。"守中"就是"立德"。"原"即源、原、元。源,就是让学生向善,与人为善,学会生活。原,就是让学生求真,追求真理,学会生存。元,就是让学生尚美,珍爱生命,因为元气就是生命活力。"归原"就是"树人"。守中归原就是立德树人。守中归原的具象目标呈现就是:心中有中国、眼中有世界、脑中有历史、胸中有未来、能担当民族复兴大任的品质学生,师德高尚、涵养深厚、业务精湛的品位教师,心系国家存亡、眼观世界发展、手握历史文脉、肩扛社会担当、胸纳信息科技、身兼发展特色的品牌学校。基于此,我们从学生、教师的不同角度出发,以培养"敬师敬识、净心净言、静思静读、竞创竞行"的品质学生,打造"静研修业、以敬守拙、勇竞求进、以净养德"的教师队伍为目标,开启研究与践行之路,以高度的责任感和极大的热情积极推进教育改革,把落实学生核心素养、促进学生健康成长,作为学校一切工作的出发点和落脚点,打造富有学校校园文化特色的"研行"品牌,作为学校品牌建设的具象目标。

第二节　探寻文化内涵　引导德智共生

一、品牌缘起,探寻文化内涵

"研行"指的既是学生的学习方式和路径,又是教师的工作理念和方法。研与行的过程,以"敬、静、净、竞"这四个校园文化元素为基础,推进学校课程建设与整体变革。

(一)"静"与"竞"

1."静"与"竞"在学习的能力中的归类

研究学习心理学,我们发现"静"与"竞"都是学习能力,"静"能力:注意力、观察力、记忆力、思维力、想象力、理解力、听/视知觉能力以及其带来的知识整合能力、策划与决策能力。"竞"能力:创造力、语言表达、操作能力、运算能力以及其显示的心理素质、团队合作、理财能力。同时"静"与"竞"均是学习能力的评价指标,学习专注力、反思力——静;学习成就感、自信心、思维灵活度、独立性——竞。

教育心理学认为学习是指学习者在生活过程中凭借经验产生的行为或行为潜能的相对持久的变化,学习表现为行为或行为潜能的变化。通过学习,我们的行为会发生某种变化,如从不会游泳到会游泳。当然,有些学习不会在我们的当前行为中立即表现出来,但会影响我们对待事物的态度和价值观,即改变我们的行为潜能,那么,我们可以发现,学习是一种能力,学习能力展现的是外部行为能力和内在潜能。

根据中国教育家协会、中华教育研究交流中心最新研究结果表明,学习能力表现可以分为六项"多元才能"和十二种"核心能力"。六项"多元才能"指的是:知识整合能力、社交能力、心理素质、团队合作、理财能力、策划与决策能力。十二种"核心能力"指的是:注意力、观察力、记忆力、思维力、想象力、创造力、理解力、语言表达、操作能力、运算能力、听/视知觉能力。

艾迪乐(Idiil)的教学研究形成评价学生基本学习能力的六大指标:学习专注力、学习成就感、自信心、思维灵活度、独立性和反思力。在这六大指标中,我们同样可以看到学习的内在表现(静表现):学习专注力和反思力,外在表现(竞表现):学习成就感、自信心、思维灵活度、独立性。

综上所述,我们将学习能力划分为两大能力,内在、隐性表现力(静能力)和外在、显性表现力(竞能力)(见表1-1):

表1-1　"静"与"竞"在学习能力中的归类表

分类	特征	多元才能	核心能力	评价指标
静能力	内在	知识整合能力、策划与决策能力	注意力、观察力、记忆力、思维力、想象力、理解力、听/视知觉能力	学习专注力、反思力
竞能力	外显	心理素质、团队合作、理财能力	创造力、语言表达、操作能力、运算能力	学习成就感、自信心、思维灵活度、独立性

2."静"与"竞"在学习状态中的归类

观察内在潜能类学习能力的发展,我们可以清晰地看到一个关键因素,一种统一的学习状态——静,心无旁骛,凝神于学。观察外显类学习能力的发展,隐含其中的"竞"正是培养外显类学习能力的关键状态。

长期保持"静心于学"的状态,是非常不容易的,而胜任工作、取得成就、赢得地位都是我们提高内驱力的主要途径,其本质就是自我认同。基于幼儿和小学生年龄、心理特点,他们的学习动机属于外部学习动机,是为了保持长者们或权威们的赞许或认可而表现出认真学习。

所以,小学生学习状态的养成需要外部帮助其提高内驱力,这个内驱力就是给予其展示自我获得肯定的平台:竞平台。在"竞状态"中不断加强其学习成就感、自信心,提高其学习内驱力,持续表现出的一种认真专注的"静状态"积极性上的"竞状态"形成良性循环使其内在潜能和外显能力共同发展(见表1-2):

表1-2　"静"与"竞"在学习状态中的归类表

分类	特征	多元才能	核心能力	评价指标	学习状态
静能力	内在	知识整合能力策划与决策能力	注意力、观察力、记忆力、思维力、想象力、理解力、听/视知觉能力	学习专注力、反思力	静
竞能力	外显	心理素质、团队合作、理财能力	创造力、语言表达、操作能力、运算能力	学习成就感、自信心、思维灵活度、独立性	竞

3."静"与"竞"在学习途径中的归类

我们认为,"静"与"竞"既是一种学习能力,又是达成这种能力的途径。

"静"是阶段性学习和长期发展的主要途径。《大学》云"知止而后有定,定而后能静,静而后能安,安而后能虑,虑而后能得",即:人要知道自己应该达到的境地,才能志向坚定不动摇;志向坚定了,做事才能沉静不急躁;做事沉静不躁,心态才能安定平和;心态安定,才能够思虑周详;思虑周详,最终才能有所收获。我们是不是也可以这样说:人静而后安,安而后能定,定而后能悟,悟而后能得,即"静则能悟"。静是开启思维的关键,是专注力的体现,是阶段性学习的主要途径。

"静"也是个体长期发展的主要途径。人们常说:心无定力,人如浮萍;随波逐流,终将无成!人最容易犯"心浮气躁"的毛病,以曾国藩为例,他善于反思和自省,但还是很苦恼,因为终究是没有找到解决问题的方法。直到有一天,友人送给曾国藩一个"静"字,并劝他每日抽时间静坐,他才慢慢地克服了心浮气躁的坏毛病,并从"静"中悟出了许多人生道理。他为自己制定了"修身十二款",第二条便是——"静坐"他还感叹道:"平生只为不静,断送了几十年光阴。" 诸葛亮在《诫子书》中说:"夫君子之行,静以修身,俭以养德。非淡泊无以明志,非宁静无以致远。"一个"静"字秘诀可以让人修身养性,革除心中的浮躁之气,继而宁静致远!

"竞"是阶段性学习内驱力形成的主要途径。基于学生对于自我展现的需求及外界肯定对于成长过程中的关键作用,我们不难看出课堂学习必须由"教师教授式""学生讨论式"改变为"学科活动式",这样的学习过程是真正以学生为主体的,是利于学生展现不同的发展层次的,是不断获得自我认同,自我反思的主要途径。基于以上认识,我们发现学生的学习成长需要"静",定、静、安、虑、得,而"静"正是"得"的基础,是"致远"的途径;我们发现学生的学习成长需要"竞",静而后动,知而后行,这个"动"与"行"便是行动力,是实践,是创造,是变革,是静心求学终极目标,是静心探索的成果。当我们将"竞"融入其中,让学生展现"静"学成果,让学生在"行"中不断获得激励与思考,以"静"为学习的内核和前提,以"竞"为外显的方式和学习的状态,才能真正形成学习能力、状态的良性循环。故此,学校必须构建"静""竞"文化和以"静研""竞行"为核心的课堂形态(见表1-3):

表1-3 "静"与"竞"在学习途径中的归类表

分类	特征	多元才能	核心能力	评价指标	课堂形态	学校文化
静能力	内在	知识整合能力、策划与决策能力	注意力、观察力、记忆力、思维力、想象力、理解力、听/视知觉能力	学习专注力、反思力	静研	静文化
竞能力	外显	心理素质、团队合作、理财能力	创造力、语言表达、操作能力、运算能力	学习成就感、自信心、思维灵活度、独立性	竞行	竞文化

(二)"敬"与"净"

1."敬"是中华品行的内在核心

敬,最早来自祭祀仪式,作为一种伦理学的用语,首先指对外界、对别人所应持有的一种表里一致、认真虔诚的态度。在中华五千年文明历程中,"敬"逐渐成为中华儿女与自己、与他人、与世界、与自然的相处之道和礼仪准则。

孔子认为"敬"是一种态度。《论语》里有二十一处讲到"敬",其中十八处讲对工作的严肃认真,小心谨慎,如"敬事而信";三处讲待人接物的真心诚意有礼貌,如"又敬不违"。"敬"成为孔子谈君子的标准和起点:子路问君子。子曰:"修己以敬"。曰:"如斯而已乎?"曰:"修己以安人。"曰:"如斯而已乎?"曰:"修己以安百姓。修己以安百姓,尧舜其犹病诸!"

儒学大家孟子的"敬"发展出"敬"是对自身的修养。《孟子》中有三十处讲到"敬",其中二十五处讲对人有礼貌、敬重他人,如君臣之间,兄弟之间,朋友之间,人我之间。孟子说:"敬人者,人恒敬之"(离娄下),《孟子》"陈善闭邪谓之敬"(离娄上)由此,自孟子开始,敬的内涵扩大、发展出了对自身、对自心内省的成分,具有了自我修养的内涵。

理学大家程颢将"敬"与儒学的最高范畴"诚"相提并论,"识得此理,以诚敬存之而已""体物而不遗者诚敬而已",使"敬"具有了绝对道德的意义,认为"敬"是一种养浩然之气的功夫,"主一无适,敬以直内,便有浩然之气""但存此涵养久之,自然天理明"。这是说为人的道理,做人的紧要处都应当在人性上下功夫,涵养人之浩然之气,敬守此心,栽培涵泳,达到与天地合德、日月合明的境界。

理学大家朱熹认为,敬与畏相联系,体现出道德主体的自觉,理学家的敬畏境界凸显的是一种规范的道德境界——仁义礼智。由敬生畏才能产生有所为、有所不为的自省。

由此可见,"敬"是一种至高无上的道德标准,自省、自控的基础上是为了表达向外、向他向上的,不单单是对个人的,它更广阔更高尚,更有意义。它侧重于人对自身,对他人,对社会的敬重和责任,更注重个人与社会的和谐,是每个人生存、处世的准则和核心。

2."净"是中华品行的外在表现

内心怀敬,以"敬"为行为准则的人,外在是怎样的表现呢?北宋理学家周敦颐认为"敬"的外在表现应该是"净"是"洁",并以莲花为例阐述对"净"的议论:出淤泥而不染,濯清涟而不妖,中通外直,不蔓不枝,香远益清,亭亭净植,可远观而不可亵玩焉。他认为通达事理、行为方正为"净";洁身自爱、天真自然为"净";纤尘不染、不随世俗为"净";浩气长存、志洁行廉为"净";不卑不亢、不显媚态为"净";坚持自我、和而不同为"净"。这外在的"净"表现正是源于对自身的敬重,对他人的敬爱,对事理、对科学的崇敬,对自然对生命的敬畏,来自内心坚守的美好情操。

综上所述,当我们心怀敬畏,那么无论语言、行为、处世、交往一定时时处处是纯净、简单、谦逊自然的。所以,我们将学校文化加入"敬"与"净",期待锦绣学子能够怀"敬"显"净"。课堂是学生成长和变化的主阵地,我们的"研行"文化,也必须渗透课堂形态,在学习过程中培养敬师、敬识、敬人、敬物的敬畏之心,引领学生展现净言、净行的行为表现,使我们的课堂以"研行"文化为核心,敬、净守德,以敬生德,以净生美;静、竞启智,以静生慧,以竞生优;以德为基,启智,以智为法,促行;"研行"融合,德智共融,德育与智育在"研行"文化中齐头并进,共同发展见(表1-4)。

表1-4 以"研行"文化为核心的课堂形态

分类	特征	多元才能	核心能力	评价指标	课堂形态	学校文化
静能力	内在	知识整合能力、策划与决策能力	注意力、观察力、记忆力、思维力、想象力、理解力、听/视知觉能力	学习专注力、反思力	静	静文化
竞意识	外显	心理素质、团队合作、理财能力	创造力、语言表达、操作能力、运算能力	学习成就感、自信心、思维灵活度、独立性	竞	竞文化
敬品格	内在	敬待万物	敬他人、敬学识、敬自然	态度	敬	敬文化
净行为	外在	净显敬畏	净语言、净行为、净环境	行为	净	净文化

二、"理念""目标" 引导德智共生

大哲学家罗素说过:"智慧的不足和道德的缺陷是人类灾难的两大根源。"无论是对于个人的发展还是对于社会的进步,智慧(能力)和道德(品格)都是具有决定性的两种力量,而且缺一不可。没有能力,一事无成,若失品格,一切皆失。中国学生发展核心素养以培养"全面发展的人"为核心,涵盖学生发展的"必备品格"和"关键能力"是学校落实立德树人,发展素质教育的根本抓手,我们将"关键能力"看作学习、生活、交往、实践的智慧,将"必备品格"看作知进退、知行止的品格。

"锦绣"两个字拆开,有金丝彩线,有染之丝帛,更寓意了细致绣染的过程。锦绣所有原料大多来自大自然的馈赠:是成长于沃土的棉,是食桑吐丝的蚕,正是由于对自然馈赠的珍惜,才换来了锦绣的华美。锦绣教育是自然成长的教育——对学生生命自然状态的尊重,对成长法则的遵从,才有了锦绣教育基于学生自然状态,遵守学习科学,展示生命蓬勃的教育思想。锦绣是纺织的最高端成果,绚丽美好。锦绣既是一种成果,又是一个过程,在这个成果中纯净的布帛是美好的,金丝彩线是美好的,华美锦缎是美好的;在这个过程中设计规划是美好的,漂洗染色是美好的,绘画绣描是美好的。经历美好的过程,拥有美好的成长,经历美好的生活正是教育的终极目标。

育人如织锦,教育正是通过织染着色,使学生的成长成为由丝帛到锦绣的过程。以德育为经,以智育为纬,穿插融合,实现德智共生。基于此,我们将学校的办学理念确定为"智慧似锦 行止如绣"。

"智慧似锦"是指蕴含广博的科学文化知识,指向学生的创新意识和实践能力,旨在以学生的发展为本,既尊重学生的个性化差异,又求同存异,使学生在学识、能力、视野等各个层面实现个性基础上的多样化的发展。"行止如绣"包涵高尚的道德修养这一要求,指向学生的自我管理和提升,尤其是对个人行为、情绪、心理等的自我掌控、自我约束。培养既追求个性发展,又乐业好群、善于合作的学生,营造"小异而大和"的素养氛围。

在小学阶段,智慧的发展来自"智育",温暖的行止来自"德育",我们希望锦绣的学生不仅善于思考、学识广博,还要懂得进退有度、谦和有礼,发展学习能力上的灵与巧,同时培养内心世界的善与美。基于这样的愿景,我们明确了学校的育人目标:培养聪明的脑、温暖的心。

第三节 多措并举 完善品牌建设路径

一、优化校园环境,营造文化氛围,让校园处处成为育人场所

"居芝兰之室,久而不闻其香",优美的校园环境是一部立体、多彩的教科书,是学校文化重要的组成部分,它对师生个体情感的培养、心理素质的锻炼、道德行为的养成都有着潜移默化的作用。学校通过基础设施建设,不断优化校园环境,凸显物质环境中的养正元素。进入锦绣小学,首先映入眼帘的是墙壁上的两行大字——"智慧似锦 行止如绣",这是学校的办学理念。"静思启智 怀敬生慧 净心知止 以竞励行"是学校的校训,"静、敬、净、竞"这四个字显示了锦绣小学的核心文化。校门两侧是新建的花园,巧妙地设计出春夏秋冬四季的景观元素,童趣盎然间展示着季节的更迭,也寓意了锦绣教育的朝气与蓬勃。学校低、中、高三个学段分布在三

栋教学楼,分别命名为养习馆、启智馆、博采馆,养习、启智、博采体现了不同教育阶段的重点,也呼应了学生成长的自然路径。苏霍姆林斯基说过"要力图使学校的墙壁也在说话。"在锦绣小学的教学楼里,既有为了新中国建立而壮烈牺牲的革命烈士画像,也有为了共和国发展勤奋拼搏的时代英雄事迹,还有学生自己评选出来的"身边的小榜样"宣传专栏,我们希望在这里,学习和传承时刻都在进行,养正教育融入孩子校园生活的点点滴滴。

基于我校"聪明的脑 温暖的心"的育人目标和"智慧似锦,行止如绣"的办学理念,学校坚持开展"一月一个好习惯"主题教育活动,深化了学生的道德认知,提高了学生的道德修养,规范了日常行为,引导他们焕发最好的生命状态。学校大队部在每周的升旗仪式上会组织优秀的中队进行风采展示,每月给表现优秀的学生颁发校园风尚勋章,每学期进行中队文化建设评比,每学年表彰优秀中队、优秀少先队员,培养了一批"敬师敬识、净心净言、静思静读、竞创竞行"的品质学生,形成了良好的校风、学风。

学校通过教师培训、评价考核等多种手段,不断加强师德师风建设,提高教师履职能力,打造"静研修业、以敬守拙、勇竞求进、以净养德"的品位教师,树立了良好的教风、作风。

二、构建课程体系,制定评价标准,发挥课堂教学主渠道作用

(一)构建"研行"课程体系

基于学生发展需要,尊重教师个性特长,学校全力打造"研行"课程体系。在国家课程基础上,构建入学课程、良习课程,持续激发高尚的生活态度;规划校本课程、社团课程,引领学生特长发展;开设家长课程、社会实践课程,拓宽学生学习视野。同时孵化出锦绣课程特有的课堂形态,指向学生的创新意识和实践能力,注重学生自我管理与合作提升。多元课程体系的构建为每个孩子经历研究、创作、感受、实践提供了必要的保证。

(二)形成"研行"学堂形态

"学堂"区分于讲堂、课堂。"讲堂"呈现的是讲授者与倾听者的关系,讲授者拥有主导权,倾听者处于被动接受状态;"课堂"中教师、教材、学生三位一体,基于学科素养与学习材料、学生学情,借助教学实施过程落实课堂目标;"学堂"在"课堂"的基础上更加突显学生的主体地位,以"静研"为学习的基础,以学习活动为"竞行"平台,给予学生自主静学、积极展现的空间。

"研行"学堂形态与普通课堂的区别在于,教师在教学过程中关注学生学习过程中的两种关键态度:静、竞。关注两种关键品格:敬、净。"静"是凝神探索的专注,"竞"是超越自我的勇气,"敬"是成长过程中的敬畏之心,"净"是语言、行为中的品性展现。

"研行"学堂既有自主认知的空间,展现学习过程、成果的平台,也是高尚品格形成的途径,"静、敬、净、竞"这四个校园文化元素的结合是德育、智育共同发展的基调,是锦绣课堂育人育智的双线结构。

(三)制定课堂教学评价标准

"研行"课程相同点为共同展现"静、敬、净、竞"这四个校园文化元素,共同实现"研与行"。基于课程研学方向、学习流程与方式,锦绣小学课堂教学评价标准以"和而不同"为评价理念,体现课程中的文化特色:

1.敬

(1)教师教学过程中对教材的解读,对课堂目标的明确展现出的教学责任的尊重;

(2)教师教学过程教学策略恰当、灵活,体现对学生学习发展规律的尊重;

(3)教师教学过程中及时调整教学策略、目标、任务、形式,展现对不同层次学生发展的尊重;

(4)教师教学过程中,学习过程中,学生语言、动作等态势对于师长、对于知识、对于规则、对于学习的尊重；

（5）课堂教学中以学习活动贯穿学习过程，是对学习科学、对学习自然规律、学生成长发展的尊重；

（6）师生语言、态度展现对师长，对学生、合作伙伴、所学知识、遵守规则的尊重。

2.静

（1）课堂学习氛围动静有序；

（2）学习活动以静研为基础，课堂教学中为学生预留自主研读、研究、探索的静研时间。

3.竞

（1）教学中的重难点以小组合作研究，小组合作展示，组织全面交流的形式进行突破，课堂中展现合作研究、合作展现的能力；

（2）通过课堂学习评价表，对学生"静心研，守规则，会合作"三个方面进行观察与评价，在小组竞赛中，培养学生积极向上的学习态度，形成自研、合作、交流、展示的学习能力。

4.净

（1）学习环境直接展现学生的学习习惯与学习态度，对学习怀有崇敬之心的学生学习环境是简单、干净的，学习过程中材料的使用与摆放是有序的，课堂中教师对学生使用、整理、收纳、书写等习惯的育"净"与学生学习过程中的"求净"是研行课堂的评价标准；

（2）师生语言的准确到位、简练干净是课堂语言的评价标准。

三、校园文化活动、特色社团建设，引导学生德智共生

学校结合"静、敬、净、竞"文化主题，以重大节日、纪念日为契机，生动活泼地开展形式多样、主题鲜明的活动，如"开学第一课"主题活动、"爱护环境　保护绿色"植树节主题活动、"开展节水行动　创建节水校园"主题活动、"知危险，会避险，守护安全成长"主题教育活动、"防范化解灾害风险，筑牢安全发展基础"防灾减灾主题教育、"平安校园，健康人生"禁毒知

识暨预防溺水安全知识教育活动、"勿忘国耻,圆梦中华"国家公祭日主题活动等。教育引领学生从热爱集体、关心他人、团结友爱、乐于奉献、遵纪守法做起,发扬集体主义精神、培养团队意识、增强纪律观念,从小培育和践行社会主义核心价值观。

2021年,是建党100周年,学校结合"静、敬、净、竞"文化,开展了"红领巾心向党"主题队日活动、"党的故事我来讲""我向党旗敬个礼""喜迎建党100周年 争做新时代好队员"主题画展、"请党放心 强国有我"少先队新队员入队仪式、"学党史 强信念 跟党走"红领巾巡讲团巡讲活动、"传承红色基因"红领巾寻访打卡活动等一系列弘扬时代主旋律、具有鲜明地方特色、符合少年儿童特点的丰富多彩的主题活动,让人记忆深刻。少先队员唱红歌、讲红色故事、寻访红色纪念场馆……用自己的方式表达了对祖国、对党的热爱,成为中国少年"时刻准备着"的缩影。其中学校优秀党员家长作为校外辅导员为少先队员进行党史宣讲三十四场,覆盖人数达两千余人,郑州市红领巾巡讲团成员、学校副校级大队辅导员祝珂进行党史宣讲六场,覆盖人数一千余人,学校大队辅导员陶娟进行党史宣讲一场,覆盖人数四百余人。一系列的红色主题活动,聚焦政治启蒙和价值观塑造,大力培养少先队员对党和社会主义祖国的朴素情感。

此外,学校持续开展"研行中队"创建,"小百灵音乐会""小健将班级足球联赛""小书虫阅读分享"等活动深受队员们的喜爱,成为学校定期开展的品牌活动。

丰富多彩的社团活动,激发了学生的学习兴趣,发挥了学生的潜力特长,提高了学生的实践能力和综合素养。OM头脑风暴、非凡创客、热力啦啦操、纸造艺术家、陶艺、真爱梦想、尤克里里等课程深受学生的喜爱。管乐团、啦啦操社团、足球、篮球、乒乓球社团、造纸社团、书法社团不断引领学生全面成长。社团活动的开展激发了学生健康积极的兴趣爱好,培养了学生勇于探索的创新精神和善于解决问题的能力,也成了推动学生核心素养落地、学校品牌文化建设的重要途径。

四、校徽传递理念，卡通彰显文化，具象化表达推动品牌建设

(一)校徽设计

图1-1　校徽

校徽(见图1-1)的功能主要是为了彰显学校的办学理念和人文精神，彰显学校独特的文化内涵和精神底蕴。校徽是根据学校办学理念、办学特色以及在办学过程中沉淀和积累起来的人文精神设计出来的，在很大程度上代表了学校的精神和价值取向。

锦绣小学的校徽的主形象是一只彩色的绣球，线条由字母J(锦)和X(绣)组成，借助图像将校名具象化，简单明了的给人最直观的印象。绣球共有四条经线与纬线的交织，分别代表了四个"静、敬、净、竞"文化元素，展示了锦绣小学以德育为经，以智育为纬，穿插融合，实现德智共生的教育追求。

我们常常在想，学校要培养什么样的人。其实这个答案是无解的，我们左右不了学生的将来，他们的生命轨迹，就如同绣球LOGO的线条走向一样，是动态的、外扩的、开放的，但我们希望每一种不同的成长在这里都被尊重。他可以成为一个满腹经纶的学者，也可以是一个身强体壮的健将，抑或是严谨踏实的白领、一个为生计奔波的商人、一个好爸爸、一个好妈妈。成功的标准不止一个，成功的路径也不止一条，不是只有争强好胜的人生才最精彩，不是只有成为第一名才配得上奖励，只要清楚自己努力

的方向,心中装有远大的理想,我们都应该为孩子们鼓掌。对他们来说,尊重和鼓励比苛求和指责更加弥足珍贵。

锦绣的校徽描绘的更像是一种未来,一种人生,我们希望每一个锦绣人都能够圆融通达,心怀锦绣,生活得自然美好,学习得舒展从容。

(二)校园卡通形象的确立

学校秉承"智慧似锦 行止如绣"的办学理念和"聪明的脑 温暖的心"的育人目标,为锦绣学子的成长设计描画、编织着色。基于"怀敬生慧、静思启智、静心知止、以竞励行"的校训,我们期望将学校文化具象化,有利于学校文化的落地、推广及传播,于是,锦绣小学校园卡通形象就此诞生。

锦小蝶——静思启智

《大学》云:"知止而后有定,定而后能静,静而后能安,安而后能虑,虑而后能得。"诸葛亮《诫子书》:"夫君子之行,静以修身,俭以养德。非淡泊无以明志,非宁静无以致远。"静心思考,沉着审查,方能启智,方有收获,方达君子德行之深远境界。

化茧成蝶,启智蜕变,便是静思、静研、静悟后的收获,故采用一只刚破茧的小蝴蝶为主体形象作为我校文化"学之内核"— "以静启智"之"静"的体现。

"芷兰生于深林,不以无人而不芳",小蝴蝶身着绣着兰花图案的服饰,自信从容前行,体现锦绣学子以坚韧与耐力在"静"中修身养性,继而宁静致远。

锦小鹿——怀敬生慧

"呦呦鹿鸣,食野之蒿。我有嘉宾,德音孔昭"。自古以来,鹿就被赋予了鲜明的人文意义,象征着品德高尚、正直善良的君子风范,鹿在人们心中是正义、善良、吉祥美好的化身。故采用"鹿"的形象作为我校文化"德之内核"—"怀敬生慧"之"敬"的体现。

小鹿身着中国传统红色外套,外套上刺绣"梅花"图案,突出锦绣文化特色,其做"拱手礼"状的姿态更进一步体现了锦绣学子的"敬"心诚意。

锦小喵——净心知止

北宋理学家周敦颐认为"敬"的外在表现应该是"净"是"洁"，并以莲花为例阐述对"净"的议论，认为通达事理、行为方正为"净"；洁身自爱、天真自然为"净"。

猫是一种十分注重自我清洁的动物，而莲花亦有"出淤泥而不染"的高洁品质，故采用身着绣着荷花服饰的猫为"净心知止"之"净"的主题形象，作为我校文化"德之外显"——"净以知止"之"净"的体现，加上点赞手势和俏皮可爱的眨眼动作，将锦绣学子之"净"体现得别具特色。

锦小虎——以竞励行

《说文解字》称："虎，山兽之君也。"虎在传统吉祥物文化中，是王者的标志，也是勇武、胆量、气魄的象征。而今，在科技与创新蓬勃发展的时代下，更快、更高、更强的"王者"气魄，是人们力争上游的志向，实践探索的目标，勇于奋进的追求。

故"竞以励行"之"竞"，使用身着绣竹服饰、肩系绿色披风的威猛之"虎"作为主体形象，作为我校文化"学之外显"——"以竞励行"之"竞"的体现。寓意在科学知识与艺术修养的学习中以勇敢出击、果断行动的虎虎生威之气势，以破土而生、拔节生长的绿竹之气节，向更快、更高、更强的目标奋进！

五、构建家校社协同共育机制，拓展课程实施阵地，形成品牌建设合力

重视家庭、社会与学校的协同共育，加强家校共建，形成教育合力是校园品牌建设的重要路径。学校持续开展"家长学校"活动，定期举办讲座、座谈，定期召开形式多样的家长会。通过家庭教育随笔征集等活动，开展家庭教育交流。在日常的教育教学中，学校要求班主任常规开展家访，和家长一道做好学生深入细致的思想工作。其他任课教师也要利用不同形式，沟通学生在校和家庭情况，给予学生在家、在校的学习和生活指导，使学生在教师、家长的帮助下，能够健康生活、快乐成长。

学校充分利用社区这个重要阵地,使校内和校外教育有机结合,构建起学校、家庭、社会三位一体的工作格局。每年在寒暑假前举行学校少先队与社区少先队的交接仪式,少先队员参与社区组织的各种研学、实践活动。学校通过多种形式,将爱国主义、理想信念、生态环保等多个方面的教育融会贯通到学生的日常行为之中,给他们的心灵埋下真善美的种子,引导他们扣好人生第一粒扣子,鼓励他们成长为能够担当起民族复兴大任的时代新人。

学校积极发掘家长资源,开设家长课程。邀请具有专业知识和技能的家长制作教学视频,班主任协助完成教学方案,定期在学校公众号进行推送。三五班陈梓轩、陈梓毅的爸爸陈红松是郑州市总工会宣传教育部副部长,擅长创作的他将歌颂医务工作者的歌曲《仁心》,反映全民抗疫的歌曲《你在前方·我在后方》、树立党员形象的歌曲《让党旗飘扬在第一线》以及提振河南人民抗击汛情和疫情精神的歌曲《郑州中 河南中》分享给全校师生,受到了热烈的欢迎。

在疫情防控要求允许的情况下,学校积极聘请社会优秀人士担任校外辅导员,组织学生参与校内外各类实践活动。如爱护牙齿健康教育、爱眼护眼健康教育、防烫伤知识小课堂、学宪法宣传教育、校园防欺凌教育、消防安全知识培训、气象科普进校园、戏曲进校园、恐龙科普进校园等。专业精良的校外辅导员队伍极大程度地丰富了学生的校园生活,使他们开阔了眼界,增长了知识。

学校还积极整合、利用各种社会资源,为课程实施搭建平台、创造条件、提供便利。通过有计划、有组织、有选择的社会实践活动,让学生走进自然,接触社会,开阔视野,增长知识,全面发展。我们组织学生走进郑州市交警二大队、走郑州市气象科普馆、走郑州市科技馆、郑州市地质博物馆,小记者报纸义卖,参观消防支队等,让学生在实践中体验,在体验中收获成长。

第二章　核心素养为本的"研行课程"体系建构

第一节　"研行课程"理念的选择

教育哲学是课程理念选择、学校课程规划的关键要素。我们所构建的学校教育哲学一是基于中国学生发展核心素养，二是基于品质教育工作，三是立足学校文化积淀和办学理念(见图2-1)。

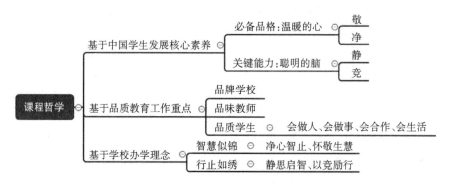

图2-1　核心素养为本的"研行课程"哲学构建

一、基于中国学生发展核心素养

中国学生发展核心素养以培养"全面发展的人"为核心，涵盖学生发展的"必备品格"和"关键能力",它成为学校落实立德树人,发展素质教育的根本抓手。学校的课程是核心素养落地的核心体系,课堂形态、学科活动是核心素养落地的主要途径。按照核心素养"品格"与"能力"全面发展的要求,我校形成了"以知识探索为经、以品格形成为纬,编织锦研绣行"的课程构建理念。在核心素养的指引下,锦绣学子应该具有"聪明的脑""温暖的心",即智慧与品德的统一。在锦绣"研行"中,"敬"与"净"代表了品德,"静"与"竞"则是智慧的代表。敬为德之内核,净为德之外显;静为学之内核,竞为学之外显。四大核心素养互为机制,互为促进,既是学生应该达成的发展目标,同时又是学生学习发展的路径与策略。

二、基于品质教育工作重点

品质教育是以人为本的教育、先进的教育、公平的教育、高质量的教育。打造品质教育、创建品牌学校是载体,塑造品位教师是核心,培养品质学生是根本。培养具有优秀品质的学生,是我们中原教育人的终极目标,是我们的坚定信仰,是我们所有教育工作的出发点和落脚点。

坚定品质教育的价值取向,最终目标就是培育懂得爱、尊重、包容、向上、责任感、创新精神等积极回报社会的现代公民,强调品质学生应该具有的特征就是会做人、会学习、会合作、会生活。其中会做人就是学生应具有的人文底蕴,会学习就是学生应具有的学会学习、实践创新和科学精神,会合作就是学生应具有的责任担当,会生活就是学会健康生活。基于品质教育的课程理念,我校的课程体系涵盖基础课程、自主课程、特长课程三个部分。

三、基于学校办学理念

"智慧的不足和道德的缺陷是人类灾难的两大根源"。无论是对于个人的发展还是对于社会的进步,智慧(能力)和道德(品格)都是具有决定性的两种力量,而且缺一不可。没有能力,一事无成;若失品格,一切皆失。大哲学家罗素的思想与学生核心素养不谋而合。我校以落实核心素养的

"关键能力"和"必备品格"培育全面发展的育人目标，确定了锦绣小学的办学理念："智慧似锦，行止如绣。"其中"智慧似锦"蕴含广博的科学文化知识，"行止如绣"则更多指向学生的品行外显和运用知识于生活的能力。而智慧与品行的形成需要良好的习惯为基础，依据办学理念我们找到"以静启智，怀敬生慧，净以知止，以竞励行"的育人途径，在实践过程中逐渐衍生出"研行课程"体系（见图2-2）。

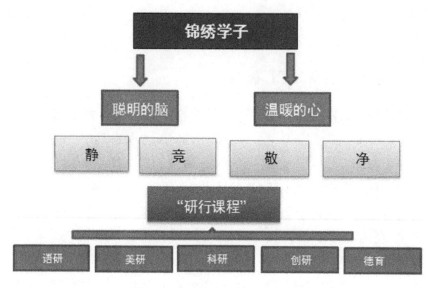

图2-2　核心素养为本的办学理念

第二节　"研行课程"体系的构建途径

课程是学校教育的心脏，学校的课程体系，一定是基于核心素养、促进学生全面发展的课程体系。根据《中国学生发展核心素养》，进一步丰盈学校的办学理念、明确培养目标、完善学校课程体系，势在必行。如何让培养学生创造力的教育真正落实在国家课程中？如何在学科课程中培养学生的创新素养？如何在学科中开展项目学习？这些都是长期以来没有解决的问题,这需要深入审视实践类课程的内涵,因地制宜构建课程内容和实施策略。所以,结合当前形势,我们研究以实践类课程"锦研绣行——基于学生核心素养的'研行课程'体系建设",作为突破口,打破学科界限,整合课程内容,建立起基于国家课程的对各学科具有普遍适用性的课程体系,并在实践研究中运用。

《区教育局关于进一步深化课程改革提升教育教学质量的意见》中提出:在具体实施国家课程的前提下,对本校学生需求进行科学的评估,充分利用社区和学校的课程资源,开发的多样性的、可供学生选择的校本课程。那么,在课程开发与实施过程中,如何基于学生核心素养,贯彻落实新课程理念,关注每个学生不同发展需求,培养学生创新精神和实践能力? 如何基于学生核心素养,规范课程开发程序,围绕"求知""审美""修身""创造""特长"等板块,突出特色,开发丰富多彩的课程,提升学生志趣? 如何基于学生核心素养,发挥教师在课程建设中的主体作用,促进教师专业成长,促进办学特色的形成?

基于上述因素,我们选择构建"基于学生核心素养的'研行课程'体系建设"进行深入研究实践。

一、细化"研行课程"目标系统

学校的任何一门课程建设,都必须有充分的前期调研。通过调研我们发现,学校服务于周边两大社区。两座新建小区的业主多为入学购房,父母双方学历在大专以下占17.67%,双方均为自由职业占51.24%。面对这样的家庭情况,如何设置课程,如何实施,更有利于学校文化的培育和落地? 基于此,我们进行了学校课程因素调查(见表2-1)。

表2-1　学校课程因素调查表

因素	优势	劣势	机会
地理环境	位于中原区中北部,紧邻区教体局,位于周边两大社区之间,是周边三所新建学校之一,社会关注度很高	家长为刚需购房购买业主,两大社区人口密集。多为个体经营业主,社会角色复杂,家庭教育理念参差不齐	教师发展、学生锻炼的机会更多

因素	优势	劣势	机会
文化传统	学校风气正，学术氛围浓厚，人员关系和谐、团结	形成自己的"研行"文化体系，特色鲜明，文化需要积淀	在课程构建与实施过程中，有利于学校文化的培育和落地
学生情况	平均班额63人，学生来源于两大社区，大多为个体业主的孩子，视野不够开阔，因此提升的空间较大	部分学生由家里老人管理，知识与品行都需要培养与引领	根据学生现状，为课程构建提供了"聪明的脑，温暖的心"的双向育人目标
家长情况	家长的整体素质适中，比较重视孩子的教育，对学校的认可度很高，非常支持学校开展的各项工作	家长的教育理念纷杂，部分学生长年由老人管理，对习惯养成不利。家长对孩子的要求又很高，给孩子报了很多课外补习班，给孩子带来很大的学习负担，不利于学生全面成长	各行各业的家长是宝贵的教育资源，为学校开设多样化的课程奠定了人才基础

基于以上情况，我们将学生学习过程中的四种关键态度进行校本化的解读，具体表述为"静、敬、竞、净"："静"是凝神探索的专注，"敬"是对浩瀚知识的渴求，"竞"是超越自我的勇气，"净"是心无旁骛的执着。我们着力培养静研修业、以敬守拙、勇竞求进、以净养德的品位教师与敬师敬识、净心净言、静思静读、竞创竞行的品质学生，从而落实"聪明的脑，温暖的心"的学校育人目标，以此形成了学校"研行文化"。我们对课程建设的规划是：以学校"聪明的脑、温暖的心"的育人目标为指导，基于中国学生发展核心素养，建设锦绣小学研行（敬、静、净、竞）核心素养课程体系，进而将其打造成为特色品牌学校。

因此，我们聚焦学生核心素养，将课程目标进行校本解读、逐层细化。

（一）课程总目标

"研行课程"将"研"与"行"相互交织融合，在国家课程中落实以研促行，在校本课程中实现研行并重，培养学生的品格、能力、态度。

（二）课程分目标

品格：在课程学习过程中建立言谈从容、举止有礼的"静品格"，谦和恭敬、礼让和谐的"敬品格",持之以恒、力争上游的"竞态品格",讲究卫生、爱护环境的"净品格"。

能力:在"语研"课程中发展优雅洁净的表达能力;在"美研"课程中尊重艺术的多样性,具有初步的审美、鉴赏能力;在"科研"课程中形成探究、批判、质疑的深度"静研"能力;在"创研"课程中提升实践创新、创意转化的"竞创"能力。

态度:在课程学习过程中形成凝神探索"静态度",崇尚求知的"敬态度",自我超越的"竞态度",心无旁骛的"净态度"。

二、组织"研行课程"的调查研究

(一)郑州市中原区锦绣小学课程诊断问卷(教师版)

1.数据收集与分析方法

对教师进行网络问卷调查,共回收问卷42份。整个问卷包含四个部分,第一部分为调查教师基本情况,包含6道单选题;第二部分为5点量表,共37道题,采用1~5计分方法,1表示对所描述的内容完全不同意,2表示对所描述的内容不同意,3表示对描述的内容持中立态度,4表示基本同意,5表示完全同意,得分越高表示被调查者越同意描述内容;第三部分为选择题,一道单选,两道多选;第四部分为开放式填空题,共计2道题。选择题和5点量表题使用SPSS进行统计分析,5点量表题采用平均数和标准差来代表被调查者在该变量上的水平,对开放式问题的文本数据进行编码,统计频率。

2.数据分析结果(见下表)

(1)调查对象情况

"研行课程"的调查研究——调查教师情况表

变量		频率	百分比
性别	男	1	2.38%
	女	41	97.62%

续表

变量		频率	百分比
年龄	20~25周岁	15	35.71%
	26~35周岁	19	45.24%
	36~45周岁	5	11.9%
	46周岁及以上	3	7.14%
学历	大专	7	16.67%
	本科	31	73.81%
	硕士及以上	4	9.52%
职称	未评	18	42.86%
	初级	14	33.33%
	中级	10	23.81%
	高级	0	0
教龄	1年以内	12	28.57%
	1~3年	18	42.86%
	4~8年	3	7.14%
	8~15年	1	2.38%
	15年以上	8	19.05%
课时数	1~5节	3	7.14%
	6~10节	19	45.24%
	11~15节	20	47.62%
	16~20节	0	0
	21节以上	0	0

(2)量表题

①课程管理

	个案数	最小值	最大值	平均值	标准差
学校领导十分重视学校课程建设	42	1.0	5.0	4.690	0.8407
有效个案数(成列)	42	—	—	—	—

②课程设置

	个案数	最小值	最大值	平均值	标准差
我校开设的课程能够满足培养学生核心素养的需求	42	2.0	5.0	4.452	0.9423
有效个案数(成列)	42	—	—	—	—

③学校育人目标、办学理念、学校特色在课程中的体现

	个案数	最小值	最大值	平均值	标准差
我认为我校要实现的育人目标,在各科课程目标中都有丰富的体现	42	2.0	5.0	4.524	0.9432
我认为我校的办学理念,在各科课程目标中都有丰富的体现	42	2.0	5.0	4.524	0.8334
我校的"品质教育"的课程理念能够很好地体现"智慧似锦,行止如绣。"的办学理念	42	2.0	5.0	4.571	0.7373
我校的课程体系能够很好地体现"品质教育"的课程理念	42	1.0	5.0	4.405	1.2109
我校现有课程体系能够很好地体现我校特色	42	2.0	5.0	4.524	0.7726
有效个案数(成列)	42	——	——	——	——

④现有课程板块的合理性

	个案数	最小值	最大值	平均值	标准差
我校设计的"研—行"两大课程板块科学合理	42	2.0	5.0	4.500	0.9173
我校设计的"研—行"两大课程板块能够涵盖所有学科课程。	42	3.0	5.0	4.571	0.6678
我校"锦研绣行"课程编制思路清晰,便于理解和操作	42	1.0	5.0	4.357	1.2262
有效个案数(成列)	42	——	——	——	——

⑤课程目标意识

	个案数	最小值	最大值	平均值	标准差
我认为课程目标的确定非常重要,在实际教学中我也会向学生呈现和展示每堂课的具体课程目标	42	3.0	5.0	4.595	0.5437
我清楚地知道我所任教学科的课程目标	42	4.0	5.0	4.690	0.4679
我会经常思考如何在日常的教学中落实学校课程的总体目标	42	4.0	5.0	4.643	0.4850
在平时的教学中,我会牢记"智慧似锦,行止如绣"的办学理念,并始终坚持在教学中贯彻落实这一理念	42	3.0	5.0	4.595	0.6270
有效个案数(成列)	42	——	——	——	——

⑥课程资源意识

	个案数	最小值	最大值	平均值	标准差
我会经常思考当地有哪些特色资源可以用于我的教学	42	3.0	5.0	4.571	0.5903
对多数学生感兴趣的问题,我会将它作为课程资源并利用	42	3.0	5.0	4.714	0.5078
有效个案数(成列)	42	—	—	—	—

⑦课程生成意识

	个案数	最小值	最大值	平均值	标准差
教师可以对课程内容进行创造性处理(例如:选择、拓展、补充、增删)	42	2.0	5.0	4.595	0.6648
我能根据学生学习成果与预期成果之间的差异调整教学	42	4.0	5.0	4.738	0.4450
有效个案数(成列)	42	—	—	—	—

⑧课程主体意识

	个案数	最小值	最大值	平均值	标准差
课程的意义和价值是师生在教学互动过程中生成与构建的	42	4.0	5.0	4.833	0.3772
我重视学生需求,从学生发展出发,对课程内容进行选择、处理,(例如:选择、拓展、补充、增删),变革学习方式	42	2.0	5.0	4.571	0.6678
教师本身就是一门课程	42	4.0	5.0	4.976	0.1543
对于学校课程,普通教师没有多少可以去改变和创造的	42	1.0	5.0	3.143	1.4068
有效个案数(成列)	42	—	—	—	—

⑨课程评价意识

	个案数	最小值	最大值	平均值	标准差
我会经常对课程本身进行评价并认为这样做的意义很大	42	2.0	5.0	4.452	0.7715
对课程的学习评价,应采用多元化的评价	42	4.0	5.0	4.881	0.3278
有效个案数(成列)	42	—	—	—	—

⑩课程目标设计能力

	个案数	最小值	最大值	平均值	标准差
我确立的课程目标在实施过程中几乎没有什么障碍	42	1.0	5.0	3.476	1.2733
有效个案数(成列)	42	—	—	—	—

⑪课程实施能力

	个案数	最小值	最大值	平均值	标准差
我会根据课堂的实际教学情况对教材内容进行重新组织和安排	42	3.0	5.0	4.452	0.5927
有效个案数(成列)	42	—	—	—	—

⑫课程开发能力

	个案数	最小值	最大值	平均值	标准差
在课程资源开发方面,我有非常丰富的经验	42	1.0	5.0	3.286	1.3120
我有能力进行校本课程的开发。	42	1.0	5.0	3.500	1.2926
有效个案数(成列)	42	—	—	—	—

⑬课程反思能力

	个案数	最小值	最大值	平均值	标准差
我具有对教学活动进行回顾、反思、总结的能力	42	1.0	5.0	4.381	0.7636
我经常进行课程反思并加以改进。	42	1.0	5.0	4.381	0.7636
有效个案数(成列)	42	—	—	—	—

⑭课程评价能力

	个案数	最小值	最大值	平均值	标准差
我了解课程评价的标准与方法,能对课程的目标、内容及实施过程、实施效果进行有效的评价	42	1.0	5.0	4.262	0.7670
有效个案数(成列)	42	—	—	—	—

(3)选择题

教师认为学校课程建设的最大困难是,如图2-3展示。

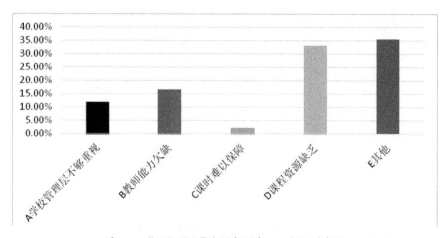

图2-3 "研行课程"的调查研究——教师选择题

在课程实施过程中,教师常用的教学方法(见图2-4)。

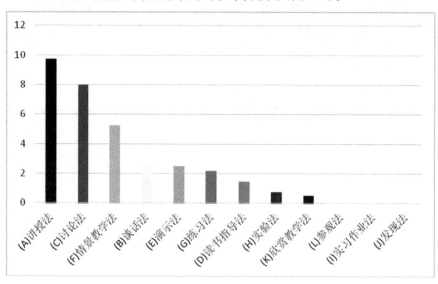

图2-4 "研行课程"的调查研究——教师选择题

在课程设计时,教师希望的内容见(图2-5)。

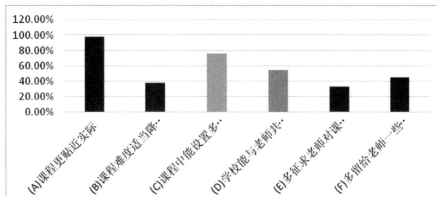

图2-5 "研行课程"的调查研究——教师选择题

(四)填空题

为了培养学生的核心素养,最应该开设什么活动? 学生最急切需要提升哪些能力或品格。

从问卷数据来看,教师们认为学生最缺的素养是"实践创新",针对该问题有六名老师提到要让学生多参加实践活动;其次,"社会责任""学会学习"和"阅读能力"也是学生欠缺的素养,对此,有三名老师提到可以用小班教学来提高学生的阅读能力;最后,在"审美情趣"方面,有两位教师提倡用艺术鉴赏课程来提高(见图2-6)。

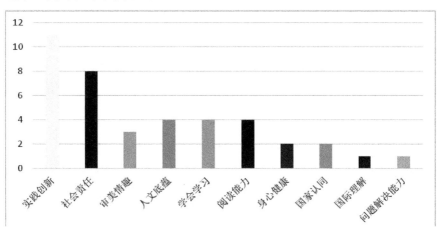

图2-6 "研行课程"的调查研究——教师填空题

(二)中原区锦绣小学课程诊断问卷(学生版)

1.数据回收

对学生进行网络问卷调查,共回收问卷717份。整个问卷包含4个部分,第一部分为调查学生的基本情况,包含2道单选题;第二部分5点量表题,共32道采用1~5计分方法,1表示对所描述的内容完全不同意,2表示对所描述的内容不同意,3表示对描述的内容持中立态度,4表示基本同意,5表示完全同意,得分越高表示被调查者越同意描述内容;第三部分是单选题,共一道;第四部分是填空题,填空题对文本数据进行编码,统计频率。

2.数据分析结果

(1)调查对象基本情况

变量		频率	百分比
性别	男	366	51.05%
	女	351	48.95%
年级	1年级	63	8.79%
	2年级	157	21.9%
	3年级	310	43.24%
	4年级	186	25.94%

(2)课程实施现状调查

①学习环境

题目	个案数	最小值	最大值	平均值	标准差
我们学校的学习风气好	717	1	5	4.63	0.659
我觉得我们学校的校园环境很好,在这里学习和生活我很开心	717	1	5	4.72	0.594
学校能帮助我发现自己的优点和长处	717	1	5	4.50	0.726
有效个案数(成列)	717	—	—	—	—

②课程管理

题目	个案数	最小值	最大值	平均值	标准差
我们的课堂注重学生的参与,能够促进我的主动学习	717	1	5	4.57	0.714

题目	个案数	最小值	最大值	平均值	标准差
我经常有机会在课堂上发表自己的意见或上讲台展示自我	717	1	5	4.36	0.873
上课的时候我们经常开展分组讨论和汇报	717	1	5	4.58	0.731
有效个案数(成列)	717	—	—	—	—

③课程资源

	个案数	最小值	最大值	平均值	标准差
我对学校提供的教学资源(图书馆、网络资源、教学设施、实验器材等)非常满意	717	1	5	4.46	.837
学校开展了丰富的课外活动,能满足我的综合发展需要	717	1	5	4.45	0.852
学校课程的内容能基本考虑到我们的需求,活动课程的设置有征求我们的建议	717	1	5	4.39	0.911
我能理解并说出"敬""静""净""竞"的内涵	717	1	5	4.82	0.432
在阳光课程中我锻炼了自己的身体	717	1	5	4.63	0.712
我有机会选择我喜欢的特长课程	717	1	5	4.46	0.867
通过特长课程,我找到了自己的兴趣和特长	717	1	5	4.44	0.843
有效个案数(成列)	717	—	—	—	—

④教师教学

	个案数	最小值	最大值	平均值	标准差
老师的讲课很生动,能激发我的学习兴趣	717	1	5	4.52	0.774
我们的课堂里常常安排了许多有意思的学习活动	717	1	5	4.44	0.854
大部分老师在课外会耐心解答我提出的问题	717	1	5	4.65	0.674
大部分老师会关注我的学习状况,给予我学习方法的指导	717	1	5	4.56	0.763
有效个案数(成列)	717	—	—	—	—

⑤学习方式

	个案数	最小值	最大值	平均值	标准差
不用别人督促,我会主动学习	717	1	5	4.22	0.863
面对新学的知识,我会主动探究,寻找答案	717	1	5	4.37	0.792
我不喜欢自己花时间去钻研新学的知识,更喜欢老师直接讲解知识点	717	1	5	3.42	1.281
我认为课堂讨论或者小组活动对自己的学习是有帮助的	717	1	5	4.69	0.566
有效个案数(成列)	717	—	—	—	—

⑥学习适应性

	个案数	最小值	最大值	平均值	标准差
我觉得我们学校的校园环境很好,在这里学习和生活感到很开心	717	1	5	4.71	0.584
我们的学习任务很重	717	1	5	3.55	1.144
有效个案数(成列)	717	—	—	—	—

⑦非智力因素

	个案数	最小值	最大值	平均值	标准差
我认为学习好不好最主要的责任在于自己	717	1	5	4.21	0.920
如果我付出必要的努力,我一定能够解决大多数的难题	717	1	5	4.62	0.630
教师要求我回答问题或上台板演时,我有信心答对	717	1	5	4.46	0.717
有效个案数(成列)	717	—	—	—	—

	个案数	最小值	最大值	平均值	标准差
面对困难,我会努力想办法解决,不会轻言放弃(志)	717	1	5	4.57	0.642
面对新学的知识,我会主动探究,寻找答案(思)	717	1	5	4.48	0.710
见到老师、长辈,我会主动问好。(德)	717	1	5	4.77	0.527
有效个案数(成列)	717	—	—	—	—

⑧学习效果

	个案数	最小值	最大值	平均值	标准差
我觉得我们上课很有效,能解决我在学习上的疑问	717	1	5	4.56	0.665
我在学校里经常有获得成功的感觉	717	1	5	4.33	0.812
学校设置了多元的评价方式,除单纯的纸笔考试外,也关注到了我的日常表现和活动课上的作品成果等。	717	1	5	4.59	.712
有效个案数(成列)	717	—	—	—	—

3.选择题

我觉得我上( )课很有效,能解决我在学习上的疑问(单选,见图2-7)。

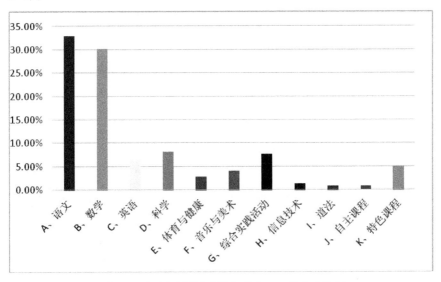

图2-7 "研行课程"的调查研究——学生选择题

4.学生们最希望学校将来开设的课程或者活动如下:

717名学生共提到543个课程或活动,对课程和活动进行编码统计,具体结果见下图,对543个课程归纳为体能、艺术、生活技能、表达、思维、人文、特色与校本等9类课程,其中括号内为学生提及频次较多的活动和课程(见图2-8)。

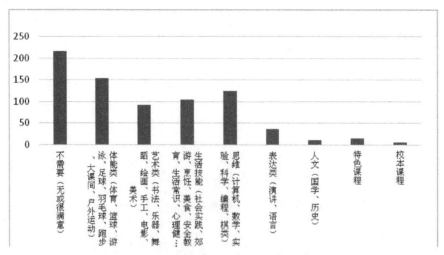

图2-8 "研行课程"的调查研究——学生自主选择课程归类统计

三、构建"研行课程"计划

"研行课程"建设的推进,我们计划了四个阶段的目标措施:

(一)探索模式(2019年6月—2020年12月)

按照最初的课程建设推进计划,2020年6月至7月初,我们建立微团队,分组研究课程框架,建立模板;7月初,分组编写自主课程的活动手册,集中审核;7月中旬到8月底,分组编写活动手册,定期审核;10月中旬到12月底,进行教学实践研究(见图2-9)。

研行课程 推进计划

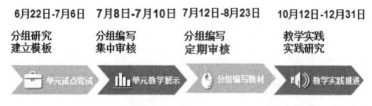

图2-9 "研行课程"建设——四阶段目标措施

1.设计"研行课程"结构图谱

2020年10月,我们设计了锦绣"研行课程"结构图谱。结构图从课程哲学、课程体系、课程背景、课程目标、课程评价、课程实施六个方面展现"研行课程"的构建,其中,图谱展现了自主课程的五个微团队:语研、美研、科研、创研、德育。

2.开发"研行课程"活动手册

微团队具体分工后,全体课题组老师需要进行自主课程活动手册的开发。"语研""科研""美研""创研"课题组完成1—6年级的学材《研行手册》、教学设计、教学PPT资料编辑撰写,"德育"课题组完成节日、主题、好习惯养成这三大板块的教学设计(见下图2–10—13)。

"语研"课程

图2–10　研行自主课程——"语研"活动手册框架

"科研"课程

锦绣自然

《奇特的岩石圈》《神秘的海洋》和《大汽圈》三个大单元，分别涵盖了小学的低、中、高三个阶段。

锦绣生活

《好吃又营养》《小小建筑师》和《交通工具大揭秘》三个大单元，分别涵盖了小学的低、中、高三个阶段。

锦绣人生

"绵绣人生"有《善待生命》《感知自我》和《身体的秘密》三个大单元，分别涵盖了小学的低、中、高三个阶段。

锦绣未来

《鱼为什么能在空中飞?》《猫和老鼠》等九个大单元，分别涵盖了小学的低、中、高三个阶段。

图 2-11 研行自主课程——"科研"活动手册框架

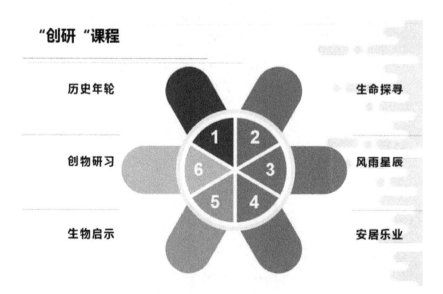

图 2-12 研行自主课程——"创研"活动手册框架

36

"美研"课程

环球旅行

清秀的江南　　　　　　　　　　　贝加尔湖畔

磅礴的北国　　　　　　　　　　　艺术的摇篮

贝加尔湖畔　　　　　　　　　　　绅士的国度

图2-13　研行自主课程——"美研"活动手册框架

3."研行课程"教学实践

在课程框架已完善、目标已明确、资源包已完备的基础上,我们用校本课程的时间节点进行教学实践,期待在实践中发现问题、研究问题、解决问题。各班都有课题组的授课教师,一、二年级开设"语研",三年级开设"美研",四年级开设"科研",五、六年级开设"创研"。

课程开始前的两周,会有详细的分工安排。课程进行之中和结束之后,有明确的注意事项。从课堂来说,我们创设了研行课堂形态,在课堂上,给予学生自主学习的空间,给予学生学习成果展示的平台,培养学生实践合作、归纳梳理、表达交流、分析质疑、延伸运用的学习能力。

(二)反思阶段(2021年2月—2021年3月)

老师们在实践中需要更新教学方式,课程意识层面需要"改变"。我们需要更好地整合优化手头资源,让学生在学习中获取快乐。学校有国家课程等、自主课程外,还有梦想课程、特长课程、德育课程、入学课程、阳光课程,如何构建"研行"这个多元课程体系,将课程纳入课程整体规划中,以便于它们之间互相促进呢?所以,在这个阶段,我们重新审视了国家课程和校本课程的关系,基于学生核心素养,我们建构了以国家课程为核心,校本课程(自主课程、特长课程、梦想课程、德育课程、幼小衔接课程、阳光课程)协同的两级课程——研行课程体系(见图2-14)。

图2-14 研行课程体系

(三)常态化发展阶段(2021年4月—2021年6月)

国家课程是基本,是整个课程体系的支撑,在研行课程里,国家课程应主要突出的是学习方式的转变,而它的学习方式也必将影响其他课程,其它课程也是在它的基础上,体现一个由学到用的过程。因此,我们将国家课程的五育并举体现在课程体系中,并常态化发展。

(四)多样化实践阶段(2021年7月—2022年6月)

研行校园文化下,我们的研行课程,应该是为培养学生的核心素养,即必备品格、关键能力服务的。我们将"研"与"行"交织融合,落实"聪明的脑,温暖的心"的育人目标,一边完善课程活动手册,一边多样化实践。

第三节　"研行课程"体系各领域认知逻辑

基于学生核心素养,我们将学校课程命名为"研行课程",并提出"智慧似锦,行止如绣"的办学理念。同时,基于对中华传统哲学和学习科学、教育心理学的研究,学校核心素养确定为:敬、静、净、竞。以静、竞育智,"静"为学之内核,"竞"为学之外显;敬、净育德,"敬"为德之内核,"净"为德之外显。由此,我们描摹出了锦绣学子的形象:智慧来自乐学善思,行止表现为进退有度,谦和有礼,源自内心的善与美。基于这样的形象,明确了我校的育人目标:聪明的脑,温暖的心。学校如同一艘扬帆起航的轮船,载着梦想、载着希望驶向知识的彼岸,智慧在这里生长,生命在这里绽放。

一、"研行"文化引领学校课程体系建设

我们依据国家基础课程、地方特色课程和学校校本课程,构建开发"研行课程"体系。"语研"模块是根据学生的年龄和身心发展特点,在学生的认知领域内,从家庭到社会,再到国家三个层次设计探究主题。通过对不同主题的探究,感受古今中外文学的魅力。"美研"模块通过美术、体育、音乐、语文四个学科的融合,以"环球旅行"为主题,模拟每个人心中都有的环球梦。"科研"模块课程融合了数学、科学、物理、化学、生物和信息技术等学科知识,学生通过对现实生态环境中的现象、材料和天文地理方面知识的探究和学习,学会初步的科学研究方法,培养较强的动手能力和解决问题能力。"创研"模块课程借助校内外资源,通过动手实践、团队合作、自主探究等方式,引领学生在生命、生活、自然、文化等领域发现、研究、解决问题。"德育"模块课程以重大节日、纪念日及学校德育工作不同时期的重点为主题,将敬、静、净、竞四种品格的培养贯穿学年始终。我们将"研"与"行"交

织融合，发展"研行"品格，形成"研行"能力，培养"研行"态度，落实锦绣小学"聪明的脑，温暖的心"的育人目标。

二、"五育并举"创新学校课程体系建设

基于培养德智体美劳的社会主义接班人和建设者，学校的课程还体现了"德智体美劳"全面发展的理念，基于完整的人的发展目标，基于形成学生整体思维方式的目标，基于育人模式的创新。"五育并举"理念是学校课程体系的认知逻辑之一，学校课程体系的构建也是为了实现"德智体美劳"的发展目标。

我校结合时代背景，将学校"研行"文化与"五育并举"有机组合在一起，开展了一场小学课程体系革新的探索。

2019年，《关于深化教育教学改革全面提高义务教育质量的意见》，提出了"坚持五育并举"，强调"突出德育实效""提升智育水平""强化体育锻炼""增强美育熏陶""加强劳动教育"，以此"全面发展素质教育"；国务院办公厅则发布了《关于新时代推进普通高中育人方式改革的指导意见》，通过"突出德育时代性、强化综合素质培养、拓宽综合实践渠道、完善综合素质评价"等，来"构建全面培养体系"。

与此相应，中央全面深化改革委员会第十一次会议审议通过了《关于全面加强新时代大中小学劳动教育的意见》，强调把劳动教育纳入人才培养全过程、贯通大中小学各学段、贯穿家庭、学校、社会各方面。教育部正在加快研制大中小学劳动教育纲要，明确劳动教育的具体内容、形式和实施路径。"劳动教育"因此成为"五育并举"背景下新的研究热点。

"五育并举"不是全新概念，它具有特殊的时代意义，它在新时代的重提，满足的是应试教育向素质教育转变的需要。我校积极回应时代要求，开展了课程整体优化、探究性学习实践、跨越性的教育结构调整。"变革"是我校办学历史中最突出的特质，也是学校沉淀下来的文化基因。面对五育并举的难点问题，我们正全面铺开项目学习的实施路径，全面落实在"五育并举"背景下以项目学习提升课程创生力的发展项目。

三、行动研究认知学校课程体系建设

课程建设与教育行动研究有密切的关系,在教育行动研究中,"教育主体要进行不断反思,反思即回顾教育教学实践过程,并对自己教学过程的意义、价值和影响进行思索,以及与他人交流意见"[①]。

有学者认为教育行动研究的整体过程是回顾问题、发现问题、制订计划、实施计划、检验效果[②]。因为课程体系就是在实践中不断发展,在"行动"中"研究",可以将教育行动"研"(这里就可以比较教育行动研究的步骤与学校课程构建的过程)。"究"理解为教育主体在实践过程中不断反思和实践,改变所处的环境。

第四节 "研行课程"体系实施策略

经过半年的研究与实践,我校初步形成了以育人目标为圆心,以学校"研行文化"为核心,将课程内容、课堂形态、评价体系形成和谐统一的课程体系,即"研行课程",在课程构建中实现教、育、评的一致性,完成育人的完整性、系统性、整体性。以一体化课程构建全面的育人环境,让核心素养在"研行课程"中扎实落地。

一、国家课程实施

内容层面,开齐开足开好课程,按照国家"均衡教育"标准严格落实科目及课时(见表2-2)。

---

① 李艳春、刘军:《论教育行动研究》,《教育评论》2013年第3期。
② 李艳春、刘军:《论教育行动研究》,《教育评论》2013年第3期。

表2-2　中原锦绣小学"研行课程"之国家课程体系课程分配表

课程	年级					
	一	二	三	四	五	六
语文	8	8	7	7	7	7
数学	5	5	5	5	5	5
英语	—	—	2	2	3	3
道德与法治	2	2	2	2	2	2
科学	1	1	2	2	2	2
体育	4	4	3	3	3	3
音乐	2	2	2	2	1	1
美术	2	2	2	2	1	1
书法艺术	1	1	1	1	1	1
队会	1	1	1	1	1	1
微机	—	—	1	1	1	1
综合实践	—	—	1	1	2	2
劳动	—	—	1	1	1	1
小计	26	26	30	30	30	30

二、校本课程实施

校本课程能有效补充国家课程不足,基于跨学科融合,基于学生核心素养,通过体验式学习外化为自主行为。具体分为:自主课程、特长课程、梦想课程、德育课程、幼小衔接课程、阳光课程。

(一)自主课程

学校6个年级38个教学班,2000多名学生,110名教师共同设计完成自主课程构建。自主课程以学校课程理念为指导,融入学校自主开发课程,共34节,周四下午4:30-5:10是1—3年级,周五下午4:30-5:10是4—6年级。内容涵盖:

美术:玩转吹塑纸、手脑工厂、艺术小大师。

科创:玩转数学、小触角研学课程。

语言:字里乾坤、古诗新唱、经典诵读、缤纷课本剧。

实践:我和你、生命教育、身边的大自然、爱绿小卫士、植物栽培、舌尖上的锦绣。

(二)梦想课程

表2-3　梦想课程规划表

序号	主题	课程名称	授课教师	学生及时间	人数
1	合作	爱与梦想	唐敏　李昊颖	二、三年级周四	44人
2	体验	家乡与社区	郭炜莹　高文君	四年级周五	36人
3	研学	去远方	魏东红　朱晴晴	五年级周五	40人

(三)特长课程

每天下午两节课后4:30—6:30,为我校特长课程时间,特长课程的教学以社团形式完成。目前我校共形成10个社团。特长课程在训练中、竞技中发展着学生的特长。

运动特长类:足球、篮球、乒乓球、冰球、航模。

艺术类:合唱、尤克里里、古法造纸。

创造类:编程、OM头脑风暴。

(四)德育课程

德育工作每月活动主题紧紧围绕学校"研行"文化构建并实施,以课程的形式完成德育教育,每月进行主题评价。

每月初一个主题启动活动,每学期四个月,每月一个主题,分别为"敬、静、净、竞"。根据每月主题,确定每月的四个主题,并开展相关活动,使德育教育细化到学生行为(见表2-4)。

表2-4　德育课程

每月主题	敬	静	净	竞
第一周主题	敬师长	有序入校	衣貌净	比习惯
第二周主题	敬同伴	走廊漫步	座位净	比友善

第三周主题	敬学识	入班即读	语言净	比文明
第四周主题	敬付出	外出轻声	校园净	比苦练
本月儿歌	见面行礼问好，入室门要清敬，崇敬书和知识感恩关怀爱护	入校门快安静，走廊楼梯靠右行，入教室就读书，公共场所不大声	衣貌贵洁心灵贵净语言文明校园干净	比比好习惯比比谁友善比比讲文明比比勤和练

教师是儿童教育世界的天使。我们始终把了解儿童、感受和理解儿童的生活放在第一位，坚持以儿童为本进行入学适应教育。为使一年级新生尽快融入小学生活，尽快熟悉人文环境消除陌生感，顺利完成从幼儿园到小学的过渡，我们为学生构建了四步入学适应教育体系。

查：问卷调查。调查经纬花园幼儿园大班家长入学准备教育的现状。

研：联合教研。组建一年级教研团队，通过校园联合教研排查入学适应教育中存在的问题，聚焦入学适应教育的目标，并明确入学适应教育的任务。

选：筛选内容。教研团队挖掘锦绣以往有效的入学适应资源，根据入学适应教育目标筛选入学适应的内容；

建：构建实施。团队确立入学适应教育的方案和实施路径，构建入学适应教育协同机制，在实践探索的过程中反思、调整、完善。

（六）阳光课程

基于我校全国足球特色学校的相关要求，为了给予学生充分的体能锻炼时间，我校将每天60分钟的大课间纳入阳光课程。

足球大课间：包括热身环球跑+足球技能训练+体能训练。

眼保健操：在恶劣天气时，在室内操前完成。

特色室内操：每班根据自己特色进行设计、学习，恶劣天气中开展。

三、教学形式

国家课程为必修课程，其他课程为选修课程。国家课程作为学校的核心课程,严格按照国家"均衡教育"标准落实科目,开足课时,配齐教师,分班教学。其余课程利用走班形式,形成教学班级,学校根据专业配备教师,每个课程由两位教师执教。

四、研发策略

(一)国家课程

实施层面,研发有效的路径与策略,包含4项核心策略(见图2-15):

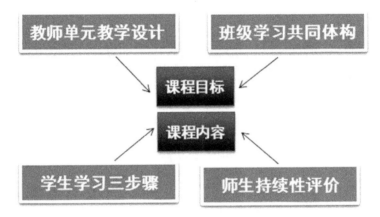

图2-15 国家课程研发的四项核心策略

教师单元教学设计。六个步骤对应目标、内容、方法、策略、评价等操作工具(见图2-16)。

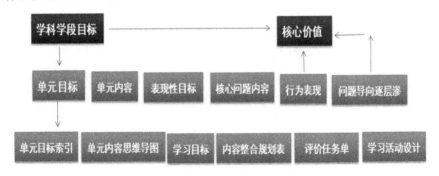

图2-16 单元教学设计的六个步骤

第一，班级学习共同体构建。根据课程图2-14主题，学生小组按两种方式构建，一是常规方式，即常规学习共同体。学生分设小组项目正副各1名负责人，小组观察员1名，评价小组成员成长指标达成情况，适用于常规课程学习；另一种是机动学习共同体，根据课程主题内容和学生需求，打乱原组织，自主构建灵活的共同体，不同组织完成不同领域、层级的任务，适用于综合性、个性化的学习（见图2-17）。

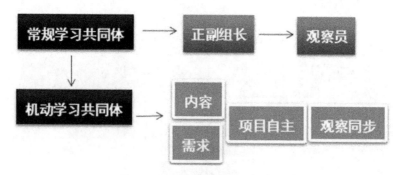

图2-17　班级学习共同体构建图

以学生为主体，以教师为主导，以训练为主线（见图2-18）。

图2-18　班级学习共同体——"学练展"

第四，师生持续性评价。课堂中学生观察员、教师、小组长等组成多元评价主体，采用记录事实、积分晋级的方式，促进知行合一（见图2-19）。

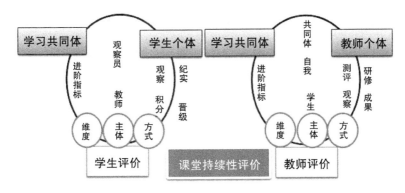

图2-19 课堂师生持续性评价

(二)校本课程

1.自主课程

表2-5 自主课程规划表

班级	内容	授课教师	班级	内容	授课教师
11		王志华 刘 贞	41		周 洁 李玥瑶
12		孙 敬 孔亚培	42	科	田 静 李寒玉
13		王 晨 倪文静	43	研	陈杨霄 马 悦
14		石冬岩 焦庆超	44	苏伟杰	王佳琪 杨彦娜
15	语	马璐平 李梦梦	45		樊 鑫 岳永盼
16	研	王莹莹 王昱颖	46		冯娟娟 黄 莹
17	陶娟	罗 楠 黄秋雨	51		龙思序 王 瑜
21		赵 颖 贾若男	52		杜赛捷 王 伟
22		王新新 薄 雪	53		张 蕾 尹梦璇
23		范 睿 李丹丹	54	创	瑞 青 王 洁
24		邹兆京 徐 龙	55	研	郭亚宁 高 莹
25		陶 娟 杨 申	61	秦天天	陈菲菲 刘 瑾
26		倪华媛 王 田	62		邸慧敏 高 雯
31		温旭平 孟 颖	63		赵若琰 李会芳
32	美	代舒雅 李军芳	64		田 欢 王 方
33	研	张 娟 于 慧	65		王贝贝 李佳琳
34	董婷	刘 蓉 张 翼			
35		马广雪 高佳佳	上课地点:教室		

2.特长课程

学校落实"五育并举"指导社团,课后学生根据需求弹性离校,学校采用大小延时和丰富多彩的社团活动相结合的方式全面推行"5+2"课后服务模式,全力做好课后延时服务的民心工程。课后服务的第一时段,学生在教室里集中完成当天课后作业,值班老师们及时进行答疑解惑。第二时段和无课后作业的一二年级孩子一样,开展自主阅读或参加学校为不同年龄段孩子设计的丰富多彩的课后社团活动,满足不同孩子不同发展需求,五育并举,促进学生全面健康发展。

(1)学习探究:教师将学生分为四人学习小组,进行自主学习,互助学习。可以复习一天所学知识,完成课后作业,相互检查、指导、纠错等。

(2)共享阅读:可以小组共读一本书,也可以各自读书,然后分享阅读心得。

(3)社团活动:在体、音、美、信息技术等学科开展社团活动。领导检查学校足球篮球、乒乓球、轮滑、纸造艺术、合唱、尤克里里、编程、航模等社团活动开展情况,对丰富课后服务内容和形式展开教研,不断提高课后服务质量。

表2-16 特长课程项目表

	社团内容		授课教师	负责领导
体健类	1.乒乓球		何林强	王建华 苏伟杰
	2.足球	二五六年级足球	赵 海	
		三四年级足球	王子嘉	
		四年级足球	黄晓鹏	
		女足	刘 旭	
	3.篮球	二六年级篮球	李肖肖	
		四五年级篮球	徐晓亮	
	4.轮滑		刘振毅	
	5.啦啦操		焦庆超	
音乐类	6.尤克里里		王 霞 刘 蓉	罗艳青 董 婷
	7.合唱		王 方 陈 曦	
美术类	8.造纸		马广雪 张 翼	罗艳青 秦天天
跨学科	9.编程		张孟琪 刘璐璐	王建华 苏伟杰
	10航模		王 伟 陆继琰	
	11趣味种植		王佳琪 高莹	秦天天
	12.魅力英语		张蕾 王晨	祝珂
	13.OM头脑风暴		唐敏 郭亚宁	董婷

特长课程内容介绍

课程	内容介绍
古法造纸	探索造纸新方法,研制纸的新品种,尝试纸艺新创作!带着"承"与"创"的责任,锦绣小学架构了"古法造纸"课程,指导学生在制造纸、触摸纸、使用纸的过程中,完成对中华文化的传承与创新。该课程获得中原区创客教育一等奖,郑州市智慧教育暨创客教育文化节一等奖,郑州市智慧教育暨创客教育文化节"最具影响力"社团第一名
编程	用科学的方式和启蒙式的游戏,激发学生对科技的兴趣,普及科普知识,培养学生动手能力、抗挫折能力、逻辑思维能力等综合能力。普及编程课程,进行创意组装,重在参与各级各类活动和竞赛,为孩子们的创新能力独立解决问题能力、知识应用能力方面打下坚实的基础
航模	航模活动是学生在掌握航模知识的基础上,通过制作、组装、调试、试飞等整体的过程,丰富学生的观察力和想象力,提高学生的科技创新能力。本课程以纸飞机、橡筋动力、无人机等机型训练为主,注重竞技飞行。参与各级各类活动和竞赛,培养孩子们的协调能力、独立操作能力
OM头脑风暴	课程旨在培养学生们的团队合作精神和创造性思维,涵盖文学、数学、科学、艺术等多学科融合元素,学生在问题解决过程中学会了问题分析与解决,活动设计与实施,道具的制作与美化,舞台的创作与表演,动手创作能力、发散思维、沟融与交流能力和团队合作都得到明显提升。2019年3月锦绣小学"8号车厢"OM社团首次参赛,获得二等奖第一名,全国第四名;2021年线上世界头脑奥林匹克选拔赛中获得全国三等奖
趣味种植	学校建有种植园,老师指导学生在不同季节里进行植物种植,利用社团活动,引导学生对种植的过程和植物的生长进行全方位的深入观察和体验,感受收获的幸福与喜悦,让学生深刻感受到陪伴生命生长过程中的努力与乐趣,同时对学生进行劳动观念和技能培养
魅力英语	学生通过学唱英语歌曲,为经典的电影片段配音、阅读绘本故事、表演英语话剧等,了解中西方文化的差异,拓展了视野,学生定期分享感受和心得,敞开心扉与人沟通,争取每一次展现自己的机会,自信心得到了大大的提升,提高了学生综合运用的能力
啦啦操	啦啦操是一项深受学生喜爱的,普及性强,集体操、舞蹈、音乐、健身、娱乐为一体的体育项目。啦啦操社团连续三年参加国家体育总局主办的全国啦啦操联赛,获得了五项全国冠军。2019年受邀担任郑州市政府元旦长跑启动仪式开场嘉宾
乒乓球	乒乓球社团重视学生运动技能的同时,注重学生在训练、运动、竞赛过程中身心健康的发展。2021年5月,锦绣小学被中国乒乓球学院认定为全国《乒乓球运动技能等级标准测试》考试考点
篮球	篮球社团旨在培养学生篮球特长,提高队员的运动水平,培养学生不怕苦不怕累的体育运动精神。我校现有专业篮球教练2人,有专业的室内篮球场,设施完善

续表

课程	内容介绍
足球	作为全国青少年足球特色学校,我校现有专业足球教练4人,学校开设足球课程,发展足球社团,每年都举行班级联赛,举办足球文化节,普及足球运动的同时,选拔优秀人才成立足球队,代表学校多次参加全国、省、市、区级的比赛,取得优异成绩
轮滑	依托学校多元课程体系建设,轮滑课程通过氛围营造、知识普及、专业引领、安全保障,达到让学生体验冰雪运动、强健身心体魄、点燃冬奥梦想的目标,以课堂教学为基础,以全面开展冰雪运动为载体,使学生在体育锻炼中享受乐趣、增强体质、健全人格、锤炼意志,从而促进学生的全面发展。2020年,锦绣小学被评为全国青少年冰雪特色学校
尤克里里	夏威夷四弦小吉他,又称尤克里里,是最容易学会的弹唱乐器,具有方便携带、外形可爱的特点。尤克里里是学校音乐课程普及的特色小乐器,让学生学习音乐知识的同时陶冶情操,感受艺术的魅力。尤克里里社团曾获中原区优秀红领巾社团称号,代表学校参加多次演出、展示
合唱	本着"营造校园艺术氛围,提高学生艺术修养"的目标理念,学校三年前开设了合唱课程,为喜爱音乐的学生提供了一个展示自我的舞台。合唱团多次参加学校的各项演出活动,获得师生和家长一致好评

3.入学课程

从幼儿园进入小学是儿童早期成长过程中一次重要的转折。儿童初入学能否适应,一定程度上决定着其今后对学校生活的态度和情感,并影响将来的学业成绩和社会成就。帮助新生顺利适应小学生活,是小学一年级重要的教育任务,我们在尊重儿童的年龄特点和学习发展规律的基础上,主动加强与经纬花园幼儿园教育的衔接,探索实施入学适应教育,帮助一年级学生逐步适应小学生活。

(1)站在儿童发展的立场上研究探索入学适应教育的培育目标

在对幼儿园大班家长问卷调查、采访,以及多次和经纬花园幼儿园联合教研的基础上,我们排查出幼儿入小学会有很多的不适应:一是周围环境的不适应;二是社会关系的不适应,例如:陌生的教师、同伴、新的标准、要求;三是学习方式的不适应。幼儿园教育注重让孩子在游戏中学习,在活动中体验。小学教育注重让学生通过观察思考、操作探究、讨论表达等方式进行学习。基于此,我们明确幼儿入学适应教育的培育目标。

（2）站在儿童发展的立场上选择入学适应教育的内容

团队在教研中达成共识：入学适应工作的重点是教师的入学适应意识，关注新生的需要和特点，真正有针对性地采用灵活适宜的教学方式。在这种意识下，锦绣教研团队着重挖掘以往有效的入学适应资源，根据入学适应教育目标筛选入学适应的内容。依托我校"研行课程"规划，我们设计了校园微旅行、成长的秘密、好习惯课堂、合作我能行、我爱红领巾等五个主题的入学适应课程。

校园微旅行：旨在了解校园环境。

成长的秘密：旨在发展学生身体素质。

好习惯课堂：旨在初步养成规则意识。

合作我能行：旨在培养初步合作能力。

我爱红领巾：旨在了解少先队的意义。

适应最需要的是体验。未成年的学生到一个新学校，不适应是正常的，这种状态可能是一个月，甚至可能是一个学期。对此，学校和老师有足够的耐心帮助他们适应。我们选择尽可能多地组织活动，让学生全方面地了解学校、认识老师、熟悉同学。比如带学生参观学校的教学楼、图书馆、洗手间等，组织一些仪式活动、讲故事等，让学生在真实的体验中找到归属感。老师课堂上也通过采取游戏化、生活化等方式来适应学生，双向的适应才是真正的适应。

（3）站在儿童发展的立场上实现以学定教

入学适应，我们先备"人"再备"课"，在备课时充分考虑新生的现状，实现以学定教。在课堂上多观察儿童的表现，感知儿童的不解和迷惘，真正像窦桂梅校长所倡导和践行的那样，深入班级，跟儿童在一起，感受和理解儿童的生活，为儿童的健康成长努力。

在入学适应教育的评价体系中，我们目前重在过程性评价，着眼点为学生自我评价、教师评价、家长评价。其中，教师评价方面，学校构建"层级兑换制度"，依靠"评价形式一致，关注点一致，兑换标准一致"的原则实现各学科间的通力合作。

2022年10月，我们用数据分析得出，经纬花园幼儿园毕业生64人，37人都在我们学校，因此，我们对这37个孩子建立了测评表来跟踪调查，这是从入学到目前的测评情况，测评表内包含自评、组内评、全班评、老师评，根据这些评价表，团队老师和幼儿园大班老师进行了针对性地深入访问和探讨，对这些孩子进行了更为具体而深入的了解。

两个月的小学生活，学生慢慢地能够做到身心适应校园生活。从最初教师带领参观各个功能室，到自主安静有序进入校园，到班就读；课堂上，端坐的身影，认真的眼神，无不体现学生们对知识的崇敬，对老师与同伴的尊敬；日常班级卫生的保洁，语言举止的文明，静心知止的种子已在孩子心中萌芽；在朝夕相处之中，学生们的交流能力提高了，喜欢与人合作，并愿意与同伴交流自己的见解，大家互相学习进步，以竞励行激励着他们。这些细微的变化,都是每一位团队教师的辛勤付出与耐心指导的结果。

4.德育课程

3月课程内容

德育目标	时间及课程	开展形式	成果	适用年级
1.培养学生对革命先辈及模范人物的崇敬,对教师和长辈的尊敬,对大自然的爱敬,对同学同伴的友敬,对知识的恭敬,对生命的礼敬 2.增强学生热爱劳动的意识,培养吃苦耐劳的品质 3.使学生了解三八妇女节的来历,感恩父母的养育之情。通过对榜样人物的学习,形成正确的人生观、价值观,增加社会责任感 4.使学生热爱树木,热爱大自然,增强环保意识和爱绿护绿的责任感	"敬"主题好习惯养成评比活动	1.熟记儿歌,明确每周好习惯评比主题 2.每周根据评比主题对学生进行评价	好习惯小标兵、好习惯优秀班级	1—6年级
	学雷锋纪念日 学雷锋 树新风	1.校内义务劳动 地点:学校内 参与人:师生、志愿者家长	条幅、宣传版面、照片、走访视频、手抄报、德育活动记录表	1—3年级
		2.雷锋精神进社区志愿服务活动。 地点:方圆经纬、锦绣城社区 参与人:师生、社区工作人员、志愿者家长	干净的社区环境、宣传版面、照片、视频、德育活动记录表	4—6年级
	三八妇女节 寻找身边的女英雄	1.少先队活动课 地点:教室 参与人:师生	PPT、照片、手抄报作品、德育活动记录表	1—6年级
		2.感恩主题演讲比赛 地点:教室 参与人:师生	PPT、照片、视频、心得、德育活动记录表。	1—6年级
		3.角色互换体验活动 地点:家庭 参与人:师生、家长	与母亲转换角色付出劳动的视频、体会心得、德育活动记录表	1—6年级
	植树节 蚂蚁森林	1.少先队活动课 地点:教室 参与人:师生	PPT、照片、德育活动记录表	1—6年级
		2.校园里的好朋友。爱绿护绿主题活动。 地点:校园 参与人:师生	宣传卡片、照片、视频、德育活动记录表	1—3年级
		3、户外宣传及植树活动 地点:户外园地 参与人:师生、家长志愿者	爱心小树、宣传版面、照片、视频、德育活动记录表	4—6年级

4月课程内容

德育目标	活动	开展形式	成果	适用年级
1.使学生能够静下心读书、静下心思考,懂得身心安宁恬静,才能实现远大的理想。养成在学校自觉遵守校规校纪,在公共场合遵守公共秩序的良好习惯。 2.通过文明祭扫活动,使学生在安静肃穆的仪式中缅怀革命先辈 3.通过读书交流活动,使学生能够静下心读书、思考,懂得心静则清,心清则明。养成良好的阅读习惯	"静"主题好习惯养成评比活动	1.熟记儿歌,明确每周好习惯评比主题	好习惯小标兵、好习惯优秀班级	1—6年级
		2.每周根据评比主题对学生进行评价		
	清明节 祭英烈 争做新时代好少年	1.少先队活动课 地点:教室 参与人:师生	PPT、照片、德育活动记录表	1—6年级
		2.网络祭英烈活动 地点:家庭 参与人:学生	寄语截屏、照片、德育活动记录	1—6年级
		3.国旗下演讲 地点:学校操场 参与人:少先队员代表	演讲稿、照片、德育活动记录	1—6年级
		4.碧沙岗或烈士陵园祭奠参观 地点:烈士陵园 参与人:师生、家长志愿者	照片、心得、德育活动记录	4—6年级
	世界读书日 我是红领巾小书虫	1.少先队活动课 地点:教室 参与人:师生	PPT、照片德育活动记录表	1—6年级
		2.读书交流分享会 地点:教室 参与人:师生	读书分享稿、照片、德育活动记录	1—6年级

5月课程内容

德育目标	时间及课程	开展形式	成果	适用年级
1.培养学生热爱劳动、爱护环境、讲究个人卫生的良好习惯。并能够在日常生活中，自觉规范自己的言行，争做语言干净、内心纯净的人。 2.使学生认识到烟草的危害，能够主动劝阻吸烟、随地乱扔垃圾等不良行为。养成健康、文明的生活习惯。 3.了解母亲节的来历，感恩母爱的伟大，懂得珍惜亲情，并学会关心和尊敬家人和长辈。 4.弘扬"爱国、进步、民主、科学"的"五四"精神，培养学生正确的人生观、价值观，以及以爱国主义为核心的民族精神	"净"主题好习惯养成评比活动	1.熟记儿歌，明确每周好习惯评比主题 2.每周根据评比主题对学生进行评价	好习惯小标兵、好习惯优秀班级	1—6年级
	五一劳动节劳动最光荣	1.少先队活动课 地点:教室 参与人:师生	PPT、德育活动记录表、照片	1—6年级
		2.校内大扫除 地点:校园 参与人:师生	活动方案、总结、照片德育活动记录	1—6年级
		3."家务小能手"实践活动 地点:家庭 参与人:学生、家长	"家务小能手"档案(包括照片、文字介绍、父母评价等)、德育活动记录表	1—6年级
	世界无烟日拒绝烟草文明生活	1.少先队活动课 地点:教室 参与人:师生	PPT、德育活动记录表、照片	1—6年级
		2.无烟小卫士社会实践活动 地点:社区 参与人:师生、家长志愿者、社区工作人员	活动方案、照片、宣传版面、德育活动记录表	1—6年级
	母亲节感恩母爱与爱同行	1.少先队活动课 地点:教室 参与人:师生	PPT、德育活动记录表、照片	1—6年级
		2.为妈妈做一件力所能及的事 地点:学生家中 参与人:学生、家长	德育活动记录表(包括照片、文字介绍、父母评价等)、视频记录	1—6年级
		3."给妈妈的一封信"主题征文活动 地点:学校 参与人:学生	征文启事、征文稿件、颁奖仪式	3—6年级
	五四青年节(五四运动纪念日) 不负韶华努力奔跑	1.少先队活动课 地点:教室 参与人:师生	PPT、德育活动记录表、照片	1—6年级
		2.国旗下演讲 地点:操场 参与人:师生	学生演讲稿、照片、德育活动记录表	1—6年级
		3.爱心志愿服务 地点:社区 参与人:师生、家长志愿者、社区工作人员	活动方案、照片、宣传版面、德育活动记录表	4—6年级

6月课程内容

德育目标	时间及课程	开展形式	成果	适用年级
1.引导学生形成正确的人生观、价值观,树立正确的竞争意识和培养积极向上、勤奋拼搏的意志品质。 2.丰富校园文化生活,展示学生个人风采,激发其热爱校园、热爱生活、热爱艺术的丰富情感。通过少先队新队员入队仪式,增强少先队组织凝聚力以及队员的光荣感和责任感。 3.通过对传统节日及传统习俗的了解,体会拼搏奋进的中华民族精神,从而培养学生的爱国主义情怀。 4.使学生理解父母的辛苦付出,懂得感恩、学会表达。增进亲子关系,加强家校联系,促进和谐校园及和谐家庭建设。 5.弘扬爱国主义精神,增强学生对党的认识,展现积极向上的精神面貌,培养爱党、爱国、爱社会主义的丰富情感	"竞"主题好习惯养成评比活动	1.熟记儿歌,明确每周好习惯评比主题	好习惯小标兵、好习惯优秀班级	1—6年级
		2.每周根据评比主题对学生进行评价		
	六一儿童节 金色童年 梦想起航	1.少先队活动课。 地点:教室 参与人:师生	PPT、照片、德育活动记录表	1—6年级
		2.六一儿童节:六一庆典(文艺表演) 地点:学校报告厅 参与人:师生、志愿者家长	照片、视频、德育活动记录表	1—6年级
		3."梦想从这里起航"少先队新队员入队仪式 地点:学校操场 参与人:师生、志愿者家长	照片、视频、德育活动记录表	1年级
	端午节 庆端午、吃粽子、看龙舟	1.少先队活动课 地点:教室 参与人:师生	PPT、照片、德育活动记录表	1—6年级
		2.庆端午、吃粽子、看龙舟联欢活动 地点:学校 参与人:师生、家长代表	PPT、照片、视频、手抄报、德育活动记录表	1—6年级
	父亲节 给爸爸的一封信	1.少先队活动课 地点:教室 参与人:师生	PPT、照片、德育活动记录表	1—6年级
		2.给爸爸写一封信主题活动 地点:家庭 参与人:学生、家长	给爸爸的一封信、读信视频、照片、德育活动记录表	1—6年级
	最后一个工作日 庆祝中国共产党建党日 锦绣少年童心向党	1.少先队活动课 地点:教室 参与人:师生	PPT、照片、德育活动记录表	1—6年级
		2.童心向党主题红歌会 地点:操场 参与人:师生、家长志愿者、社区老党员代表	照片、视频、德育活动记录表	1—6年级

暑假德育课程

德育主题	德育目标	时间及课程	开展形式	成果	适用年级
敬	通过重温誓词、重唱队歌、探访红色革命圣地等活动,培养学生的爱国主义情感,树立远大理想信念,增强民族自尊心和自豪感	七月课程:我是光荣的少先队员	重温入队誓词,重唱《中国少年先锋队队歌》	照片、视频	2—6年级
		八月课程:寻找红色之旅	和家人一起探访红色革命根据地,了解红色革命故事,学唱红色歌曲	手画报、照片、视频	1—6年级

9月、10月德育课程

德育目标	时间及课程	开展形式	成果	适用年级
1.培养学生对革命先辈及模范人物的崇敬,对教师和长辈的尊敬,对大自然的爱敬,对同学伙伴的友敬,对知识的恭敬,对生命的礼敬。 2.使学生了解历史、勿忘国耻。培养学生的爱国主义精神和刻苦学习、努力拼搏的决心 3.使学生感受老师的辛勤耕耘和无私奉献,激发学生对老师的尊敬之情,懂得感怀师恩,形成尊师爱师的校园风气。 4.使学生了解中秋节的来历、了解中国传统节日习俗及其文化内涵。通过活动展示良好的精神面貌。 5. 使学生了解爱牙护牙健康知识,养成良好的口腔卫生习惯。	"敬"主题好习惯养成评比活动	1.熟记儿歌,明确每周好习惯评比主题。 2.每周根据评比主题对学生进行评价。	好习惯小标兵、好习惯优秀班级	1—6年级
	抗日战争胜利纪念日(九一八事变纪念日) 铭记历史守望和平	1.少先队活动课 地点:教室 参与人:师生	PPT、照片、手抄报作品、德育活动记录表	1—6年级
		2.爱国主题电影观影活动 地点:教室 参与人:师生	照片、观后感、德育活动记录表	1—6年级
		3.爱国教育主题演讲比赛 地点:学校 参与人:师生、学生代表	演讲稿、颁奖活动、照片、德育活动记录表	1—6年级
	教师节 老师,谢谢您!	1.少先队活动课 地点:教室 参与人:师生	PPT、照片、德育活动记录表	1—6年级
		2.开展"老师,谢谢您!"主题征文活动 地点:学校 参与人:师生	征文作品、颁奖活动、照片、德育活动记录表	1—6年级
	中秋节 锦绣团圆庆中秋	1.少先队活动课 地点:学校 参与人:师生	PPT、照片、德育活动记录表	1—6年级
		2.中秋故事比赛 地点:教室 参与人:师生、家长代表	照片、视频、德育活动记录表、举办月饼品尝会、颁奖活动	1—6年级

续表

德育目标	时间及课程	开展形式	成果	适用年级
国际爱牙日 爱护牙齿我 能行	1. 爱牙健康卫生知识讲座 地点:健行馆三楼 参与人:师生、家长志愿者 代表	PPT、照片、视频、 德育活动记录	1—6年级

6.德育目标	时间及课程	开展形式	成 果	适用年级
1.使学生能够静下心读书、静下心思考,懂得身心安宁恬静,才能实现远大的理想。养成在学校自觉遵守校规校纪,在公共场合遵守公共秩序的良好习惯。 2.使学生了解中华民族的历史和灿烂的民族文化,增强民族自尊心和自信心,弘扬民族传统文化,培养爱国主义精神和民族自豪感。 3.使学生了解少先队队史,掌握少先队基础知识。培养少先队员小主人意识,充分展示新时代少年儿童的风采。 4.使学生了解传统节日"重阳节"的由来,继承和发扬尊老爱老的中华传统美德。 5.增强学生体质,养成坚持锻炼身体的好习惯,培养学生集体荣誉感和激奋发进取的拼搏精神	"静"主题 好习惯养成 评比活动	1.熟记儿歌,明确每周好习惯评比主题 2.每周根据评比主题对学生进行评价	好习惯小标兵、好习惯优秀班级	1—6年级
	国庆节 我爱你,中国!	1.少先队活动课 地点:学校 参与人:师生	PPT、照片、德育活动记录表	1—6年级
		2."我爱你,中国!"书画展、摄影展 地点:校园 参与人:师生、家长代表	书画作品、摄影作品、照片、德育活动记录表	1—6年级
		3."我爱你,中国!"文艺汇演 地点:操场 参与人:师生、家长代表	活动方案、各班节目、照片、活动总结、颁奖仪式、德育活动记录表	1—6年级
	建队节 争做新时代好队员	1.少先队活动课 地点:教室 参与人:师生	PPT、照片、德育活动记录表	1—6年级
		2.少先队员代表大会 地点:报告厅 参与人:少先队员代表、辅导员代表	照片、视频、小提案、少先队干部选举、德育活动记录表	1—6年级
		3.少先队员风采大赛 地点:校园 参与人:少先队员代表	比赛方案、照片、总结、颁奖仪式、德育活动记录表	1—6年级
	重阳节 最美夕阳红	1.少先队活动课 地点:教室 参与人:师生	德育活动记录表、PPT、照片	1—6年级
		2.爱老敬老社会实践活动 地点:敬老院 参与人:少先队员代表、辅导员代表	活动方案、照片、节目、手工制作礼物、德育活动记录	4—6年级

第三章 "研行课程"之特色主题课程

如果学习是一只小鸟，那么课程就是一座森林，给予新鲜的滋养，给予探索的空间，任其翱翔成长；如果学习如一粒种子，课程便是一片沃土，给予丰富的养料，给予有力支撑，催其拔节向上。在任何一个教育体系中，课程建设都是育人体系的核心，它使学习资源渗透在教育教学工作的点点滴滴，角角落落。这个核心是丰富的，多元的，但又必须是统一的、系统的，在课程构建过程中我们应当遵循一体化的课程构建理念，让课程在育人目标的引领下，实现学习内容、学习方式、评价形式的完整统一，使教学、育人、评价相互依托，互为支撑，服务于学生的积极成长。

第一节 研行校本课程 融"跨学科"理念

一、构思"跨学科"的研行课程框架

课堂是实现教育目标的核心阵地。然而，以灌输为中心的课堂充斥着"非理解"的教学，学生只是通过死记硬背来获取知识，其遗忘速度必然很快，也缺乏深度的学科思维，无法实现融会贯通，难以用所学知识来解决现实生活和客观世界中的问题。真实情境下的问题解决教学是发展跨学科

理解力的重要途径。只有让课堂回归真实情境下的探究，才能构建结构化的学科知识，才能促进学科思维的发展，才能有效提升学生的跨学科理解力和创新创造能力。

问题解决是一种伴随终生的学习能力，在问题解决中才能促进学生对学科知识的"跨学科理解"。问题解决是一种贯穿教学始终的教学实践与教学方法，是师生基于真实生活情境，通过科学探究和协作沟通，共享问题解决方案、共同理解任务、交流想法，实现由当前目标状态到预期目标状态转变的探究活动。我们锦绣小学各学科教研组集体开发的涵盖"语研、美研、科研、创研"研行课程，在跨学科学习主题课程体系之下，通过对跨学科教学的本质内涵与价值诉求的理论探讨，结合一段时间的跨学科教学实践的摸索和研讨，初步构建了指向理解力发展的跨学科教学的基本理论框架。

二、打造"跨学科"的研行课程体系

跨学科学习必然要超越单学科、超越课堂、超越教材。我们引导学生在解决真实问题的过程中将学科与生活进行结合，在亲历学科实践的基础上发展学科深度理解能力。由此，我们在学校已有资源的基础上，以跨学科学习课程主题为导向，构建完善"研行学堂"，不断打造升级研行课程体系。我校特色课程的内涵价值体现在"研行学堂"，特色课程以学校"静、敬、竞、净"文化为引领，以静研、竞行、敬品、净省为基本环节，培养学生自主学习态度；以自主探究、合作研讨、成果交流为基本流程，培养学生自主学习能力；以思维导图、表达、演绎、实验等多感官活动为学习方式，激发学生学习兴趣，提升学习效果。

在学习过程中以"认知能力"与"元认知能力"的培养为双线结构，致力于学生自主学习能力的培养。学校研行文化促进学校内涵发展，是学校推进素质教育、落实办学特色的核心；研行文化以爱为首，引领孩子健康成长，培养孩子具有"聪明的脑，温暖的心"；研行文化以特色课程和主题课程为载体，启迪孩子们追寻人生的美好与梦想，为每一个孩子终身发展奠定基础。

三、梳理"跨学科"的研行课程优势

跨学科学习可以帮助学生强化思维,建立更完善的知识体系,参与更有意义的课程体验。学生在不同学科之间的思维以及发生在认知水平层次上的心智活动或认知能力,在教学目标分类中表现为分析、综合、评价和创造。研行课程引领师生创生出丰富的研学主题和场景,为创造跨学科融合学习提供了更为广阔的舞台。相比传统国家课程,研行校本课程有以下优势:

优势一:跨学科学习是一种协作的深度学习活动。这种学习方式鼓励学生在一段时间内通过对真实而有挑战性的问题进行持续探究,特别注重学生之间的协作学习,达成对核心知识的再建构和思维迁移。跨学科学习是一种跨界的创新实践活动。这种学习方式强调亲身实践,让学生像科学家一样做探究,像数学家一样做测量,像工程师一样做设计,共同体验合作学习。

优势二:跨学科的研行课程涉及不同学科、情景和问题,当学生接触到这些新东西的时候,就可能激发个人灵感,同学之间分组合作、交流探讨、互助展示活动强化了学生之间的链接,潜移默化地提高了学生们的语言表达和沟通能力。

优势三:跨学科的研行课程使同学们接触到不同的声音、表达和观点,而这些将会影响同学的思想,学生在不同思维碰撞下进行自我反思和思想兼容。他们在跨学科的校本课程中合作学习、提升认知,更真实地感知生活,体验真实的环境。

总之,对于学生来说,跨学科有机融合改变了以往传统的教学方式,使教育教学的过程变得更加丰富多彩,同时趣味性教学得到了发展,孩子们能够感受到学习的乐趣,在玩中学,学中乐的过程中、使孩子轻松爱上学习,爱上探索。

第二节　研发"研行课程"　凝聚集体智慧

"研行"校本课程阐述了在锦绣小学育人目标的引领下，实现学习内容、学习方式、评价形式的完整统一的实践与成果，坚持以生为本，实施跨学科合作学习策略，使教学、育人、评价在课程体系中相互依托，互为支撑，服务于学生的积极成长。

一、明确育人方向，构建课程结构

(一)基于育人目标，确定课程理念

中国学生发展核心素养以培养"全面发展的人"为核心，涵盖学生发展的"必备品格"和"关键能力"，它成为学校落实立德树人、发展素质教育的根本抓手。研行课程是核心素养落地的核心体系，我校形成了"以知识探索为经、以品格形成为纬，编织锦研绣行"的课程构建理念，以此为思路结合学校"研行文化"构建"锦研绣行"课程体系。

(二)基于生源特点，构建课程体系

锦绣小学服务于"盛润锦绣城""方圆经纬"两大社区。两座新建小区的业主多为入学购房，父母双方一方学历在大专以下人数15.29%，双方学历在大专以下占17.67%，双方均为自由职业占51.24%。面对这样的家庭情况，我们通过进一步分析明确了课程育人目标：培育聪明的脑，温暖的心。

(三)基于学情需求，明晰课程方向

学期初，我校对783名学生进行抽样调查，了解学生的课程期待，发现学生更期待体能类、思维类课程(见图3-1)。

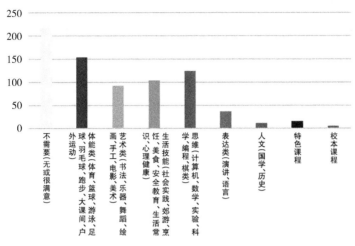

图 3-1 学生对课程期待调查表

基于中国学生发展核心素养,基于学校育人目标,基于学生课程需求,我校构建了"锦研绣行"课程体系,实现目标、课程的一致性。"研"主要指学习的方式,指向于学生在各学科中研究实践、体验感知,指向文化底蕴、创新意识、科学思维、学会学习三大核心素养,从中落实学生的学科素养、学习能力和探究精神。"行"主要指向实践创新、责任担当、健康生活三大核心素养,旨在培养学生的品德修养,公民意识,生命思考,以及运用知识解决生活难题的思维意识。

"研行"课程包括美研、科研、语研、创研四大版块。

二、以研行为基调,形成"学堂"形态

(一)在"学习科学"中探寻研学路径

中国学生发展核心素养明确了学生应具备的适应终身发展和社会发展需要的必备品格和关键能力。我们认为"敬、净"是学习过程中的必备品格;"静、竞"是学习过程中的关键能力。在学习过程中,我们首先应引领学生形成的是敬知识,敬科学,敬文化,敬创造,净心于学,关注过程,自我监

控,心无旁骛的学习品格;形成专心、专注、超越、创新的学习能力。而"研行学堂"形态便是给予学生积极向上的学习态度,并以此为标准完成自我反思,自我监控,自我促进,使认知与认知状态和谐统一。

(二)在国家课程中落实以研促行

学校将研行文化渗透在国家课程的课堂教学中,形成"研行学堂"课堂形态。研行是学习过程中的四种关键态度,具体表述为"静、敬、竞、净"。"静"是凝神探索的专注,"敬"是对浩瀚知识的渴求,"竞"是超越自我的勇气,"净"是心无旁骛的执着。我们的课堂追求认知能力的发展,更注重元认知能力的形成。研行态度是元认知形成的基础和抓手,是实现知识获取、能力提升、习惯养成的思想引领,是自主学习能力形成的关键。

(三)在自主课程中实现研行并重

为培养学生"研"与"行"的能力,每个校本课程按专题展开研究与实践,并在学习过程中给予学生充分地自主研究与探索的空间。在校本课程教学过程中,每个专题按照"引导质疑,组建小组—完善计划,展示修正—研学实践,形成成果—成果展示,分享交流"的流程开展,将综合实践活动与研究性学习有机结合(见表3-1)。

表3-1 小触角研学课程教学设计表

课时	课时专题	学习内容	评价要点
1	引导质疑 组建小组	1.视频或资料导入,激发质疑; 2.根据问题,组建小组; 3.团队讨论,制定计划	1.学生提出的问题,具有可研究性; 2.组长具有一定的领导、组织能力,能有目的地招募组员,应聘者能展示个人特点和对问题的初步思考
2	完善计划 展示修正	1.展示计划,共同点评 2.家长介入,针对指导,完善计划 3.开展实施	1.科学思维、逻辑能力、应变能力和清晰的表达; 2.能够根据研究问题发现计划中的不足并提出建议; 3.计划能够围绕主题制定,方法得当,分工明确,任务清晰,时间、地点具体,有研究成果和展示形式的预设

课时	课时专题	学习内容	评价要点
3	研学实践 形成成果	1.基地实践:根据研学计划,科技馆或博物馆实地参观; 2.寻求答案:根据问题,找答案,印证知识,带着成果意识,认真记录(文字、图片、绘画、视频等多种方式); 3.多向思维。科普馆里,找不到的答案,再想其他途径: (1)不过多干涉或限制孩子们思维; (2)让孩子自己意识到,不是所有问题都有标准答案; (3)问题解决,并非一种方法,激发求知主动性; 4.研学成果:根据研学计划,形成研学成果	1.时间观念、纪律意识、小组长的组织能力与家长志愿者的沟通配合能力; 2.小组长:发挥组织能力和领导能力;组员:遵守团队规则,有组织有纪律进行调查探究;整个团队的责任意识,结果意识; 3.每个小组成员研究计划实施的计划性和灵活性
4	成果展示 点评颁奖	成果展示 点评颁奖 1.展示场地:多功能报告厅、附近社区、幼儿园、或伊河路小学其他校区; 2.展示形式:讲解、路演、小品、舞台剧、音乐剧…… 3.点评颁奖。家长代表,点评;校长、老师颁奖,总结; 4.家长参与:所有孩子家长可到现场围观	1.能够根据活动计划筹备物资、合理分工,了解如何准备活动。根据不同地点、形式的选择,控制活动现场; 2.能够勇敢自信的展示研学成果,与小组成员及其他相关人员沟通合作完成展示活动

三、依据数据分析,收获课程硕果

近年来,锦绣小学开始参加"郑州市教育质量健康体检项目",关注学生应获得的知识、技能的同时,深入检测学生基本能力和核心素养的各项水平,用具体数据分析、考证研行课堂形态下的教育成效。基于数据,我们发现锦绣小学数学学科各水平人数比例远高于全区水平(见图3-2)。

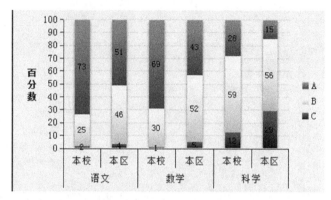

图3-2　学生在语文、数学和科学学科各水平上的人数比例

雷达分析图(图3-3及3-4)清晰地显示在"学生品德行为、学业达标、高层次能力、学习兴趣、艺术兴趣、体育兴趣、学习压力、睡眠、作业、补课、自尊、亲社会行为、主观幸福感等13个指数构建的"健康图谱"显示本校学生的高层次能力指数、学习兴趣指数、主观幸福感指数、学习压力指数都大幅度优于全区平均水平。

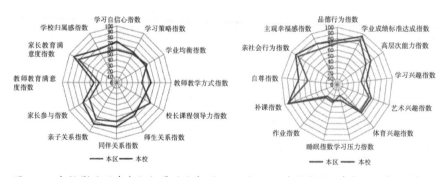

图3-3　本校影响因素各指标雷达分析图　　图3-4　本校影响因素各指标雷达分析图

分析各指标的影响因素,不难看出"教师教学方式指数、学生自信心指数、同伴关系指数、师生关系指数、学习策略指数"在学生发展过程中起到关键作用。以育人目标为圆心,以学校"研行文化"为核心,我们将课程内容、课堂形态、评价体系形成和谐统一的课程体系,在课程构建中实现教、

育、评的一致性,完成育人的完整性、系统性、整体性。

第三节 研行特色校本课程 精彩纷呈各美其美

一、集思广益展才智,研行学堂定流程

(一)静研——给予自主研究的空间,培养静心与专注的习惯

在给予学生自主研究空间的同时,培养学生静心、专注、放松的学习状态;学生在明确学习目标之后,带着任务在规定时间内,静心研究,也可以是冥想、思维导图等,但是这自主研究的状态一定是专注、宁静的,心无旁骛的自研,才能获得深刻而多样的研究成果。

(二)竞行——给予成果交流的平台,形成超越与创新的态度

在竞行环节中,实践、拓展、验证、交流将成为学习的主要方法,实践和交流既可以是小组共同参与,也可以是选出代表进行交流,还可以是登台演板、演绎、实验、辩论,在交流碰撞中,将学与用、获取与交流形成统一,在这个过程中的"竞"文化不断激发学生力争上游,激发学生进行更深入、更广阔的思考,更具创造性的呈现。

(三)敬品——引导深层次品悟,引领学法与品格的形成

教师针对学生的自主研究成果进行补充、更正、帮助、归纳、总结、拓展,使学生进一步加深对所学知识的理解、内化,同时相机提炼出取得成果的研究方法,或对科学思想、人文情怀的感悟,成为学习能力形成、品德形成的基础和关键。

(四)净省——基于目标检测监控，发展反省、调控的学习品格

反省的是认知形成的过程，根据学习目标或任务，引导学生通过学习评价对自己的"认知过程"进行回顾、反思监控的过程，帮助学生将"认知"与"元认知"相结合，提升学生学习的自控能力、自觉性、目的性、计划性、灵活性，达到依据不同学习任务选择适合自己的学习目标、途径、策略，从而逐渐具备较强的学习能力的目的。

二、研行课程经实践，反思总结再优化

实践是课程最好的诠释，经过多年的实验与研究，我们深深感觉到学校课程实践的复杂性需要整合性的课程理论框架作指导。课程必须激活师生的课程实践意识，浸润在实践中的师生在课程实践中不断互补成长。学校课程不是目无边际的"玩和消磨时光"，而是基于目标的牵引，匹配课程、实施课程、评价结果的过程，是让课程成为一个过程、一种实践、一种有意义的行动。我校研行校本课堂实施流程梳理如下：

(一)科学建组，成立团队

生本教育体系下的课堂，小组合作学习环节必不可少，这是一种重要的学习方式。学生在小组中畅所欲言，交流各自思想，分享各自观点，思维火花在小组中碰撞。在编排小组中要考虑到学生性格、能力，根据学生的不同学业成绩、心理特征、性格特点、兴趣爱好、学习能力等方面组成组内异质的学习小组，使组内成员之间具有一定互补性，并保持组间同质，平衡小组之间的竞争水平。

(二)合理分工，重在参与

在合作学习中，核心理念是以生为本，关注每位同学。在学习小组中，同学们各自兴趣有所不同，有会组织的、会思考的、会表达的、会写的……在每次活动中，充分考虑学生能力、设置不同难度的任务尽量让所有同学

参与其中,强势同学带动弱势同学,合理分工,人人参与,积极展示。

(三)高效互动,分享成果

高效互动是研行校本课堂中必需的学习策略,教师时刻注重引领学生的思维碰撞,也给予教师总结、纠正、延伸、检测的契机。给每位学生不同的展示机会,让他们参与到合作学习中来。精彩的展示依托扎实的自研和充分的合作,大家分享互学提升学习效率。

锦绣小学全体老师研发的研行校本课程旨在引导学生体验更丰富的学习生活,以校本课程为载体涵盖生活方方面面。所有课程鼓励学生积极参与、分组探索,教师从传统课堂的组织者转变成引导者、旁观者,把展示的舞台让给学生,让学生在团队中观察、体验、合作、思考、讨论、质疑、辩论、展示,通过不同方式刺激学生的大脑皮层,让学生在各种活动中领略学习的快乐。研行校本课程包含"语研、美研、科研、创研"四大版块,一线教师自主开发并在课程实施中不断完善优化。

三、启言开悟,"妙语言善"的语研课程

语言是思想的平台,文字是情感的载体,人们通过语言文字寄托内在的思想智慧,传达丰富的情感态度。"语研课程"以"自我成长"为主线,以家庭、学校、社会为三个成长的大场景,从语言文字入手,同时将学校"敬"文化蕴含在课程中,渗透成长的知识、语言表达能力,给予学生展示、表达的平台。

(一)课程编写逻辑

课程以"自我成长"为主线,以家庭、学校、社会为三个成长的大场景,从语言文字入手,渗透成长的知识、语言表达能力,给予学生展示、表达的平台。

心存爱敬,家有关怀(陶娟、赵颖)

该模块以家庭为主线,融合贯穿学校的办学理念,培养的学生不仅具有聪明的脑,更要有充满爱的心,温暖的心。帮助学生树立正确的人生观价值观,从爱自己、悦纳自己到感恩父母爱家人再到爱家庭的一切,并为自

己的家庭贡献力量。

心怀尊敬，锦言绣行（王新新、范睿、孙敬）

该模块以学校为主线，培养学生发现自我，认识规则，寻找友谊，处理关系，学会学习的能力，并结合学校的德育课程，穿插相关的语言知识，从细节中培养学生应有的品德，明确"以德为先"的理念，让学生心怀尊敬，从"德"中品味生活、品味人生，同时也让学生明确在学校学习的真正目的和意义所在，做到言行统一。

心怀崇敬，胸怀天下（石冬岩、郭炜莹、王志华）

该模块以社会为主线，以我、爱、利他之间为纵向联系，培养学生对自己有清晰的认识，对社会有全面的自我角色认知，清楚个人与社会之间千丝万缕的紧密联系，懂得奉献，增强爱国意识，与国家共进退。

(二)课程总目标

我们的课程总目标是培养热爱国家、热爱社会、热爱学校、热爱家庭、热爱祖国的语言文字、热爱中国文化、具有良好的行为习惯和美好品质的研行少年。

一是根据学生的年龄和身心发展特点，在学生的认知领域内，从家庭到社会，再到国家三个层次设计探究主题。通过对不同主题的探究，感受古今中外文学的魅力，从而达到丰富学生的内心、开拓学生的想象、发展学生思维的目的。提升乐于探究、善于思考、勇于实践的能力。

二是培养学生自信大方的表达交流能力，以及倾听能力，培养学生合作精神、团结协作的能力。

(三)具体目标

板块一：心存爱敬，家有关怀（陶娟、赵颖）

一是学会绘本改编、舞台剧表演、主持、演讲、辩论等相关知识，从不同角度认识自己，敢于采用多种形式展示自己。

二是能够守护自己的家庭，积极开动脑筋，团结合作，动手创作，为家出一份力。

板块二:心怀尊敬,锦言绣行(王新新,范睿,孙敬):

一是学会认识自己,学会自尊、自爱,学会爱别人。

二是通过在学校的学习,能够养成良好的品德,并能在生活中学会运用、实践。

三是能把自己的所学、所获,拓展延伸到自己的德智体美劳方面,在潜移默化的影响下,促进自己全面发展。

板块三:心怀崇敬,胸怀天下(石冬岩、郭炜莹、王志华)

一是学会阅读名著的方法,对名著中的人物有自己独特的见解,并能联系生活进行解读。

二是具有一定的交际能力,学会演讲、劝说,并能用英语交流。

三是学会从社会中认识自己的不同身份,需要遵守的准则,学会保护自己。善于从社会中学习并对别人产生积极影响。

(四)课程主题

以培养热爱国家、热爱社会、热爱学校、热爱家庭、热爱祖国的语言文字、热爱中国文化、具有良好的行为习惯和美好品质的研行少年为目标,根据学生的年龄和身心发展特点,在学生的认知领域内,从家庭到社会,再到国家三个层次,设计探究主题形成大主题。通过对不同大主题的探究,感受古今中外文学的魅力,从而达到丰富学生的内心、并拓学生的想象、发展学生思维的目的,提升乐于探究、善于思考、勇于实践的能力。

(五)课程单元

"语研课程",内容从家庭生活、到学校生活、到社会生活,设计了"心存所爱,家有期待""心怀希望,学以致用""心有梦想,胸怀天下"三个模块,每个模块融入两个内容:流动的经典、律动的表达。如一、二年级的"心存所爱,家有期待"模块包括"自我认识""情绪小主人""悦纳自己""释疑解惑""志在必得""梦想开花""爱的初体验""爱的奉献""爱的绽放""我的家我做

71

主""家和之道""我爱我家"等。

(六)学习方式

语研课程以任务式或者项目式学习为主,改变了原来讲授为主的授课方式,变为交流讨论、展示汇报、情景表演、动手操作等方式,增加了课程的趣味性和可操作性,特色也更加明显。

四、启美育人——"德智合一"的美研课程

美研课程是对美的研究,著名教育家蔡元培先生曾提出五育并举,是中国近代教育史提倡美育第一人,"美感者,合美丽与尊严而言之,介乎现象世界与实体世界之间,而津为桥梁"。以美育为桥梁,最终目标是塑造学生完善的人格,这是全面提高受教育者素质的重要方面。

(一)课程编写逻辑

语文(朱晴晴、张娟):苏霍姆林斯基说过:"美是一种心灵的体操,让美把丑和恶排挤出去,这是教育的规律。"本课程以学生的发展为本,促进学生全面发展。在旅行中,丰富阅历,增长见识。注重学科课程与德育的渗透和融合,实现"内外相生""德智合一"。

音乐(陈曦、宋涵):美是人类社会不可缺少的东西,犹如生活之需要阳光,是培养健全的人不可缺少的教育,犹如维生素之于生命。本课程以学生为本,以环球旅行为线,结合自己的生活、学习经验,感受美、鉴赏美、创造美,培养他们高尚的情操与文明素养,提高学生的音乐课程适应能力,突出办学特色,增强学校吸引力,激发学生热情。

体育(刘旭、李肖肖、何林强):根据世界地图带学生了解国家文化和历史的同时,学习个别国家的特色,体育教学凸显魅力,学生能够养成良好的行为习惯的同时学习到知识与技能。

美术(高琳楠、马广雪):本课程的设计主要是针对小学生的身心发展特点,结合学生的兴趣,设计了"环球旅行"的主题,模拟实现每个人心中都

有的环球梦。各单元之间的联系主要在地理位置方面,基本线路由北向南、由东向西展开,以国家为版块,以当地的地理、历史、人文、艺术为内容。通过模拟环球旅行,开阔学生的眼界,让学生更早树立正确的世界观,了解更多的综合知识,这些知识跟国家课程既有联系又有区别,丰富了孩子的表象储备,有利于学生的全面发展。

(二)总目标

本课程以孩子感兴趣的环球之旅为主线,融合语文、音乐、体育、美术四个学科,让学生在旅行中,通过观察、倾听、实践、感悟来丰富阅历、增长见识,了解不同国度的风土人情、艺术创造,培养学生的审美、创造能力;并注重学科课程与德育的渗透和融合,实现"内外相生""德智合一",以审美感知能力和鉴赏能力的培养为基础,提升学生的人文素养,塑造美好心灵,引领学生追求美丽和美好生活,提升学生的个人修养和精神境界。

(三)具体目标

语文(朱晴晴、张娟):以环球旅行为线,引领学生通过图片、视频、音乐、故事等多种丰富多彩的形式,感知不同国家的文化艺术。以生为本,注重理论与实践的结合,通过针对性的活动项目,组织学生进行自主活动,提升学生的审美意识,培养学生创新精神和实践能力。

音乐(陈曦、王霞、宋涵、胡冯钰):通过合唱、舞蹈、奥尔夫、器乐演奏、音乐名作赏析等,初识"美";同时,结合自己的生活、学习经验,学习从生活中发现"美"的存在(培养学生发现美的能力);感知"美"的价值;体验"美"的魅力;并试着动手去创作"美"的作品(培养学生创造美的能力),观察学习中提高同学之间的相互配合与动手能力,拓展学生的想象力,提升学生的审美情趣和审美能力,培养学生的创新精神与实践能力。

体育(刘旭、李肖肖、何林强):从了解运动激发学生对体育锻炼的兴趣到学习运动技能基础知识。拓展书本外的知识,学生能够体会学习中更多的乐趣,培养学生发现美创造美的能力。观察学习中提高学生团结合

73

作的能力,通过体育锻炼提高学生身体素质,锻炼意志品质,培养良好的学习习惯。

美术(高琳楠、马广雪):从环球旅行出发,沿着环球路线周围就地取材,在欣赏感知、体验制作、探究活动中,通过观察与思考,学习和体验不同国家文化艺术,发展学生对美的的鉴赏能力,激发审美判断能力和文化理解能力,培养他们对艺术的理解、感知文化差异的能力,开拓学生的视野。

(四)课程主题

美研课程是对美的研究,以"环球旅行"为主题,模拟每个人心中都有的环球梦。通过美术、体育、音乐、语文四个学科的融合共同构建美育桥梁为培养学生心灵美、行为美服务。最终目标是塑造学生完善的人格。

(五)课程单元

在"环球旅行"这个大模块下,以不同地域为界设置了清秀的江南、磅礴的北国、贝加尔湖畔、艺术的摇篮、绅士的国度、塞纳的夕阳、遥远的国度、宗教的胜地、上帝的牧场、抖落的珍珠、里约的热情、落叶的地方等十二个学习单元。

(六)学习方式

美研课程的学习方式主要以任务驱动式的项目化学习为主,以"欣赏课""研究讨论课""表现和创造课"为主要课型,融合讲授、讨论、情景模拟、实践操作等方式,力求学习形式的多样性和学习活动的趣味性。

美研课程培养了学生对美术的兴趣、爱好,丰富学生的文化生活。通过孩子们的作品,我们也走进了孩子们的世界,相信在一次次有关美的发现与创造中,孩子们也实现了他们关于自我和世界的认识与追寻。美研课堂上设置的活动开启了他们对美的感知,激发了他们的创造能力。相信只要有一双发现的眼睛,人人都是小小艺术家,孩子们的作品不仅有创造力,还包含着他们对世界的认识与思考。

五、启智生慧——"照亮人生"的科研课程

当今信息时代是头脑竞争的时代,人们缺乏的不再是知识和信息,而是缺失驾驭知识和信息的智慧。智慧的核心是思维,思维能力有赖于后天的培养。科研课程让学生的思维得到充分的培养,让孩子们燃起思维这盏智慧之灯,照亮多彩人生路。

(一)课程编写逻辑

科研课程的建构,坚持以学生为本,旨在培养锦研绣行的锦绣学子,尤其关注学生现有的知识基础、生活经验、个性特点和发展需求等客观实际。不同年级课程的建构力求有利于激发学生的兴趣和"最近发展区",努力提高学生学习的获得感,使学生通过这门课程的学习,增长知识、提高能力、充满智慧、健全人格,以培养和提升学生的核心素养为目标。

课程着力于从实际出发,以孩子的角度看世界,用简单有趣的语言和表达方式,让他们了解现代社会的发展进程和自然世界的生存逻辑,解决他们生活中的一些困惑,通过自主探究、讨论交流和实践活动等方式,发展学生的思维能力、动手能力以及团队合作能力。不同学段的课程编写逻辑如下。

低段学生对周围世界充满好奇,但动手操作能力有限。因此多以科学观察和生活为主,围绕零食的危害、垃圾分类、废物利用等主题开展。

中段学生逐渐注意到周围的物质世界,有着科学的思考角度,能够理解客观现象。因此更多的结合物理化学知识来研究,同时也初步接触编程软件。

高段学生能够理解一些抽象的知识,并具备了较强的动手操作能力,能大胆质疑,从不同视角提出问题的思考与动手为主。因此围绕制作设计等相关主题。

（二）总目标

融合数学、科学、物理、化学、生物和信息技术等学科知识,通过对现实生态环境中的现象、材料和天文地理方面知识的探究和学习,保持和发展好奇心和探究热情,发展灵活的思维能力、实践能力和创新能力。

通过课上研讨交流、课下自主探究相结合的方式,学生养成敢于表达、大胆质疑、善于倾听的习惯,初步形成自省意识,养成良好的自我管理能力。

通过实践活动,学会初步的科学研究方法,培养较强的动手能力和解决问题能力。

理解并尊重自然与社会规律,明白人与自然是和谐统一的,运用所学知识服务于学习和生活,回馈社会。

（三）具体目标

锦绣自然:通过各种途径感知身边的自然事物和现象,积累丰富的自然知识,初步掌握地形、气候、动植物等自然要素在环境的作用以及对人类活动的影响。学会收集信息,通过比较、分析、归纳等思维过程,形成基础的自然概念和尊重自然、与自然和谐相处的意识、可持续发展的观点,增强防范自然灾害、保护环境与资源的意识,养成关心和爱护自然的行为习惯。

锦绣生活:通过了解身边生活中常见的现象和衣食住行等方面的知识,利用观察、分类、动手实验、交流等探究活动,发展学生的动手能力、创新能力等,在探究知识奥秘的同时,了解世界,获得研究方法。

锦绣人生:学生能从个体生活、社会生活及与大自然的接触中获得丰富的实践经验,形成并逐步提升对自然、社会和自我之内在联系的整体认识,理解并遵守自然与社会规律,养成良好的行为习惯。从个体生活、社会生活及与大自然的接触中获得丰富的实践经验,培养团队合作意识。具有责任担当、问题解决、创意物化等方面的意识和能力。能在教师的引导下,结合学校、家庭生活中现象,发现并提出自己感兴趣的问题,提出自己的想法并作出初步解释。通过动手操作实践,初步掌握手工设计与制作的基本技能,服务于学习和生活。

锦绣未来:通过认识设计软件工具,提升学生动手能力,激发学生的创意创新思维,促使学生在生活中养成不断发现的习惯,激发学习兴趣,为思维进阶及培养打下坚实基础,实现思维、能力的综合发展,通过课堂中大量生活的佐证,追溯生活中现象的本源,并加以应用和迁移,真正做到源于生活,用于生活。

(四)课程主题

"科研"课程融合了数学、科学、物理、化学、生物和信息技术等学科知识,学生通过对现实生态环境中的现象、材料和天文地理方面知识的探究和学习,学会初步的科学研究方法,培养较强的动手能力和解决问题能力。理解并尊重自然与社会规律,明白人与自然是和谐统一的,运用所学知识服务于学习和生活,回馈社会。

(五)课程单元

"锦绣自然"有"奇特的岩石圈""神秘的海洋"和"大气圈"三个大单元,分别涵盖了小学的低、中、高三个阶段。

"锦绣生活"有"好吃又营养""小小建筑师"和"交通工具大揭秘"三个大单,元分别涵盖了小学的低、中、高三个阶段。

"锦绣人生"有"善待生命""感知自我"和"身体的秘密"三个大单元,分别涵盖了小学的低、中、高三个阶段。

"锦绣未来"有"鱼为什么能在空中飞?""猫和老鼠"等九个大单元,分别涵盖了小学的低、中、高三个阶段。

(六)学习方式

"科研"课程以任务式或项目式学习为主,改变了原来以讲授为主的授课方式,变为学生自己主动收集相关资料、交流讨论、指定计划、开展研究最后展示汇报的方式,课程更贴近学生的生活,更富有趣味性,学生的学习能变被动为主动，真正实现知识与能力的双提升，更有利于核心素养的落实。

六、启思创新——"走近自然"的创研课程

培养学生创造力，需要我们重视并引导学生躬体力行。"创研"课程中，发现动植物的秘密，了解自然环境特点，解决生活中的不便，发现历史和生活里的创意……都能激发学生将自己的想法创造性地表达或呈现出来，解决具体问题，增强解决问题时的创新意识。

（一）课程编写逻辑

生命探寻：是对动植物的探索。我们以孩子们非常感兴趣的恐龙、水母、树木、蘑菇等为素材，在探索中发现动植物的秘密，并通过不同形式的手工实验，发散学生的思维，锻炼动手能力的同时，激发学生的创造能力。同时链接生活，用创造力美化、改变生活。在学习的过程中体验生命、热爱生活。

风雨星辰：探寻宇宙、自然的奥秘，了解关于天文知识、天气成因，并为适应不同天气进行发明创造，解决生活中的不便。学生通过搜集资料，学习查找资料的途径和方法，小组合作、分工配合培养学生的组织和协调能力。通过展示分享，探寻了解自然奥秘，激发学生对宇宙、自然探索的兴趣和对自然的敬畏之心。

安居乐业：三年级的孩子经历过一、二年级的懵懂与适应成长，自然而然会关心起日常生活中的衣食住行，也有对生活的问题、看法、创想，"安居乐业"以研学、综合实践为过程，激发学生探索、探究、探求。解决生活中的实际问题，并创造出一定成果，注重学生的实践和体验的过程，培养学生多维度的综合能力，既有认知与思维能力、发现问题和解决问题的能力，更有想象和创造的能力。在实践中提升，在合作中分享，在沟通交流中成长。

生物启示：种类繁多的生物界经过长期的进化过程，能适应环境的变化，从而得到生存和发展。而人类无与伦比的能力和智慧远远超过生物界的所有类群，不仅仅停留在观察和认识生物界上，而且还运用人类所独有

的思维和设计能力模仿生物,利用生物特性解决生活中的问题,通过创造性的劳动增加自己的本领。孩子们也应能从自然的生物中获得启示,学会更好地和自然相处,更好地生活。

创物研习:有了一定的动手操作和探究问题的能力,我们的创意"好点子"不仅应该在学习中能体现,更应该有更多实际的现实意义,用于改变、改善我们的生活,让我们的生活因"创意"更加美好。"创物研习社"从发现历史和生活里的创意发明入手,让学生深入思考、探究创意作品背后的原理,并发挥想象,动手制作自己的创意发明。培养学生对"创意"的感知能力,对创意方法更清晰的认知以及动手操作和空间想象能力。

历史年轮:从古代到近代再到现代,全世界人民共同经历了无数次沉浮,也涌现出了无数次值得我们铭记的历史改革。经过历史的洗涤,如瑰宝般存留至今的资料、文物、人物、事件都让学生充满好奇,也值得我们反复推敲、研究,并进行符合我们当代文化和思想的创造性整理和研发。本阶段课程通过研究历史文物和历史人物,让孩子在累积历史文化知识的基础上,内化民族文化精神。

(二)总目标

借助生活中的素材,通过自主动手实践、团队合作、反馈调整等,能将自己的想法创造性地表达或呈现出来,培养勇于创新的意识,增强合作意识。

通过发现并提出问题、创建小组等,借助校内外的资源进行探究实践、研究解决,在教师的引导下,能将自己的所思所想创造性地表达出来,逐步形成善于观察生活的意识,热爱生活的情怀。

结合生活中的现象或者问题,通过全班交流、辨析,能进行发散思考,通过创造性地实践与思考,能够解决具体问题,增强解决问题时的创新意识。

(三)具体目标

生命探寻:

1.发现动植物的秘密,通过动植物特性的创新使用改造生活。

2.在操作的过程中激发学生的想象能力和创造能力,创造出有意义的物品。

风雨星辰：

1.了解自然环境特点,思考如何解决生活中的不便,适应、探索、爱护自然。

2.在操作的过程中激发学生的想象能力和创造能力,创造出有意义的物品。

安居乐业：

1.通过解决孩子生活中的实际问题,并创造出一定成果。

2.通过小组合作分工,培养学生沟通协作能力、观察分析能力。

3.学习和掌握一些科学的调查与研究的方法,在实践中提升周密考虑合理分工、统筹规划的能力。

生物启示：

1.了解动植物的特性及给人类带来的启示,思考如何利用动植物的特性解决生活中的问题。

2.在创意展示过程中,培养学生的创造能力和想象力。

创物研习：

1.通过发现历史和生活里的创意发明,培养孩子对创意的感知能力。

2.通过深入思考、探究创意发明背后的原理,培养学生追根究底的品质,提升对创意方法的认知。

3.通过发挥想象,动手制作自己的创意发明,培养学生动手能力和空间想象能力。

历史年轮：

1.通过了解国内外的历史,了解、感悟事态发展变化规律,培养学生文化素养和内涵。

2.通过实践考察,增强学生文化底蕴,感受祖国悠久厚重的文化历史。

3.通过创意展示和交流合作,发散思维,拓宽视野。

(四)课程主题

创研课程基于学生兴趣,借助校内外资源,通过动手实践、团队合作、自主探究等方式,引领学生在生命、生活、自然、文化等领域发现、研究、解决问题,并将自己的想法创造性地表达或呈现出来,逐步形成善于观察生活的意识,勇于创新的精神,热爱生活的情怀。

(五)课程单元

除了"创物研习社"里安排了两个单元,其他每个模块下均有四个单元。共十四个单元,分别是:玩泥巴、魔力拼豆、捕风手编、"物"中生有、生命探寻、风雨星辰、安居乐业、历史年轮、千年文明里淘宝、拼创编程、童年的"纸飞机"、决战思维之巅、我是演员、疯狂大剧社。

(六)学习方式

融合综合实践活动课程,进行项目研究、主题任务式学习,创造多元化的学习环境,重视学生的自主探究、真实实践,强调学生的团队合作,致力于学生的全面成长。

创研课程蕴含的多元知识让孩子们在创造和分享的过程中获得了知识和喜悦。同学们通过共同关心的问题组建成研究小组,确定自己的研究问题后开始调查。有的课下查找视频资料,有的咨询自己上大学的科技控大哥哥,孩子们越了解越想亲自尝试!我们课堂上不仅一起欣赏了他们制作五彩面饼的视频,贴心的同学们还带来了他们制作的美食与同学们一起分享。还有更可贵的合作经验,创造无处不在,动起来,让创造变为现实!

儿童是活生生的、有感知、有尊严的生命体,我们想告诉孩子们"世界这么大,老师想要带你去看看!""你在老师心中是独特的、优秀的,要相信自己、勇往直前呀!"……我们对儿童的理解与思考是构建研行课程体系的起点和出发点。孩子们喜欢怎样的课程?通过怎样的课程才能将孩子们塑造成拥有"温暖的心,聪明的脑,强健的体魄"的合格接班人?正是对孩子们融入爱的教育,锦绣小学集全校优秀教师之力,共同构建了人性化、多元化、特色化的研行课程,我们的课程体系从语研、美研、科研、创研、德育及多种特色课程,每一主题又由多个单元主题鲜明、多元维度的课程相互支撑,使得整个课程体系充满生机勃勃的教育活力和魅力!

教育部《关于全面深化课程改革落实立德树人根本任务的意见》的颁发与实施,标志着以"知识为中心"的学科教学逐步转化为以培养"核心素养为核心"的综合育人的康庄大道上!原有的课程体系需要变革!深化教学改革、展宽教学载体、推进课程建设,让课程与课堂相互成就,让教师发展与学生成长齐头并进。教育改革势在必行,我们的课程体系建设架构已初成。行者无惧,行者无疆,我们锦绣人整装待发、一直在路上!

参考书目

[1]郭云海:《核心素养导向的课程设计》,华东师范大学出版社,2019年,1-30页。

[2]吴欣:《学校课程体系的构建》,华东师范大学出版社,2020年,1-20页。

[3]夏雪梅:《项目化学习设计:学习素养视角下的国际与本土实践》,科学教育出版社,2020年,1-13页。

[4]杨彦祥:《教育及成长》,清华大学出版社,2016年,144-168页。

第四章 "研行课程"之课堂形态

为迎接全球化、信息化和知识经济的时代挑战,深入贯彻实施《教育部关于全面深化课程改革落实立德树人根本任务的意见》,2016年9月,教育部课题组发布了《中国学生发展核心素养》。其中的"核心素养"是当今时代发展对教育目标的重新定位,从根本上回答了"立什么德、育什么人"的问题。培育学生核心素养归根结底需要通过课程建设和教学改革来实现,课程化研学旅行作为一种新的综合实践活动课程,倡导学生在行动中探索,在实践中体验和感悟,从而获得知识和经验,契合了学生核心素养培育的主题要义,是培育学生核心素养的一条重要路径。

第一节 孵化"研行学堂"形态 追求研行一致

目前,国家的新课程改革就是建立新的课程体系。"课程"与"课堂"是密切相连的。要想走进新课程,首先必须建构新课堂,也就是营造出与新课程相适应的新的课堂教学形态。因为只有当我们走进新课堂的时候,才可以说我们真正走进了新课程。为了适应新的课程形态,我们必须对传统的课堂形态进行改造,并营造出新型的课堂形态。

一、课堂形态理念指引

(一)学生发展核心素养

《关于全面深化课程改革落实立德树人根本任务的意见》提出"学生应具备适应终身发展和社会发展需要的必备品格和关键能力",这里的"必备品格和关键能力"就是学生在接受相应学段的教育过程中逐步形成的核心素养。核心素养是关于学生知识、技能、情感、态度、价值观等多方面要求的结合体;它指向过程,关注学生在其培养过程中的体悟,而非结果导向;同时,核心素养兼具稳定性与开放性、发展性,是一个伴随终生可持续发展、与时俱进的动态优化过程,是个体能够适应未来社会、促进终生学习、实现全面发展的基本保障。

基于学生发展核心素养,学校确立了"智慧似锦 行止如绣"的办学理念,形成学校研行文化——敬、净、竞、静。确立"以静启智,怀敬生慧,以竞励行,净以知止"的育人途径。"研行"是学习过程中的四种关键态度,"静"是凝神探索的专注,"敬"是对浩瀚知识的渴求,"竞"是超越自我的勇气,"净"是心无旁骛的执着。其中"敬、净"是学习过程中的必备品格;"静、竞"是学习过程中的关键能力。在学习过程中我们首先应引领学生形成的是敬知识、敬科学、敬文化、敬创造、净心于学、关注过程,自我反思的学习品格,形成专心、专注、超越、创新的学习能力。我们力求将"研行"文化渗透在学生成长中的每个环节,构建"研行课程"体系,形成"研行学堂"课堂形态。

(二)高效课堂理念

高效课堂是技术与艺术构成的对立统一体,"课堂技术—课堂技艺—课堂艺术"勾勒出了高效课堂建构的线路图。[1]

素养本位的目标正是基于对素质教育内涵的丰富和完善而提出的,同

----

[1] 龙宝新、折延东:《论高效课堂的建构》,《教育研究》2014年第6期。

时也为高效课堂颠覆"知识本位"的教学观指出变革的方向。因此,实现从核心知识向核心素养的转变是高效课堂未来发展的可能之路。[①]

新的课程改革强调在教学过程中学生应带着对知识的个性解读、思考以及兴趣参与教学活动,把学习的主动权还给学生,学生应成为课堂教学的灵魂。"研行学堂"以"静研"为学习发生的开端,以"竞行"为探究、合作、交流的平台,为形成个性化的理解、创造性的表达、积极状态的学习奠定基础。

二、理论依据

(一)学习科学

从有人类以来,教育与学习就像一对孪生姐妹,伴随着人类的生产、生活及精神活动,伴随人类历史的发展。在人类进入信息时代不久后,专门探研人的学习问题的学科——学习科学诞生。早在三十年前,美国西北大学聘请了耶鲁大学人工智能专家尚克(Roger Schank)成立了学习科学研究所(The Institute of the Learning Sciences)。1991年第一届学习科学国际会议成功举行,《学习科学杂志》(Journal of the Learning Sciences)创刊,这些成为学习科学学术共同体建立的标志。

综合国际学习科学研究共同体——国际学习科学协会(ISLS)以及《剑桥学习科学手册》作者索耶(R.Keith Sawyer)对学习科学的界定,一是具有确定的研究对象,它是关于人如何学习以及如何有效促进人的学习的研究领域;二是一门典型的交叉学科,包含认知科学、教育学、信息技术科学、社会学等在内的重要知识探究领域;三是具有较为明确而独立的研究方法,基于设计的学习研究是学习科学研究的重要方法。

纵观我国的五千年文明史,几乎每一个被称为"家"的(思想家、教育

---

① 刘文芳、张金运:《从核心知识到核心素养:高效课堂的时代转向》,《黑龙江高教研究》2018年第9期。

家、哲学家、政治家及自然科学家等)的都研究过学习问题,可以说,关于学习问题的著述浩如烟海,如《学记》就是古代研究学习问题的专门著作,这之中,孔子、墨子、朱熹等以及近代的陶行知、蔡元培等都有其比较系统的学习思想。

传统教学实践秉持的"授受主义"(Instructionism)适用于二十世纪初的工业化社会的人才培养。它关注事实性和陈述性知识,关注学生获得了什么,至于学生如何理解、运用这些知识,却不加以考虑。这种教育方式不适合在现在这个技术更为复杂、经济竞争更为激烈的知识经济时代所承续。教育界开始寻求一种以学习者体验为中心的新的学习模式变革——索耶将其称为"深度学习",它在知识建构、知识之间的贯通、知识的意义理解和在不同情境中的运用方面都提出了新的要求,对学习者和教师都是新的挑战。

学习科学作为二十一世纪认知科学研究的重要领域,其地位随着各国对于认知科学研究的重视而不断提升。在进入二十一世纪后,学习科学开始了第二个快速发展期,它逐渐进入了国家战略视野,成为承载着国家教育与科技发展重任的新兴学科,地位得到了极大的提升。[①]

学习科学把认识作为它的理论基础,把教育学作为它的实践基础,把构造性自然观作为它的方法论基础,它是综合运用哲学、数学、心理学、生理学、思维科学、系统论、控制论、信息论等成果的一个多学科的交叉学科,它隶属于自然科学和社会科学的结合部。学习学的逻辑起点应该是人在学习过程中,所必须具备的"元学习能力"。

元学习能力包含在元认知理论研究拓展出来的元学习之中。传统的学习理论研究人学到了什么和如何去学习,而元学习则研究人是如何意识和控制自己学习的,这种能力称为元学习能力。元学习理论认为:学习者能够确立自己的学习目标;意识到自己当前的学习方式方法;能监视自己

---

①李曼丽、丁若曦、张羽、刘威童、何海程、刘惠琴:《从认知科学到学习科学:过去、现状与未来》,《清华大学教育研究》2018年第4期。

的心理活动;能从自己的学习方式方法所产生的后果中获得反馈信息,进一步评价自己的学习方式方法;能够依据是否有助于达到学习目标和调节自己所采用的学习行为方式,以便更好地达到学习目标;能预料事物的发展进程和后果,所以,既能够事先拟定学习计划,也能在执行计划的过程中依据反馈信息适当调整自己的学习计划。总之,元学习理论相信人是积极主动的机体,有元学习的潜能,能够计划未来、监视现在,有效控制自己的学习过程。[①]

以上学习科学研究已经反复证明了反思在深层次理解学习中的重要作用,在当代学习科学的探索中,对元认知的研究和对元认知能力培养的实践是十分引人注目的,其研究成果对自主学习能力的培养有着重要的指导作用。其实质是对认知的认知,是个体对自己的认知加工过程的自我觉察、自我反省、自我评价与自我调节。[②]

"研行学堂"形态便是给予学生积极向上的学习态度,并以此为标准完成自我反思,自我监控,自我促进,使认知与认知状态和谐统一。

在"研行学堂"中,学习由一个个学习活动组成,梳理知识体系的思维导图,抒发阅读观点的演讲、辩论,证明理论猜想的实验等每一项学习活动中,参与学习活动的不仅仅是用来倾听的耳,用来表达的口,而是手、脑、眼、耳、口共同配合学生完成了思考、探索、实践、表达的学习实践,这样的多感官共同参与的学习活动极大地提高了学习效率,提升着学习兴趣,使学习经历着自主探究——输入、表达交流——输出的完整过程,使认知的形成真正来自自主探究。

研行学堂不仅关注认知过程,更在认知过程中融入"研行态度",通过静研、竞行、敬品、净省培养学生学习习惯养成,在这样的学堂中,学生获取的不仅仅是知识,更重要的是引领学生形成积极进取的学习态度,养成科学的学习习惯,形成自我计划、自我监控、自我评价、自我调节的元认知能

---

① 王秀芳:《学习科学理论建设中的几个问题》,《教育研究》2000年第3期。

② 桑新民主编,贾义敏、谢阳斌、赵建民等副主编:《学习科学与技术 信息时代学习能力的培养》第2版,高等教育出版社,2017年,第3—4页。

力,使自主学习能力得到发展与培养。

在研行学堂中,教师成为学生学习过程的引领者、参与者和学习伙伴,学生成为学习的主体和主要推进者、实践者,师生之间在相互信任、相互理解、相互合作中获得共同的发展。在静研环节,学生沉静自研形成独立探究的能力,在竞行环节,学生积极实践,深入思考,从不同的方面展示学习成果,使学习更深刻、广博;教师基于学生的自研成果、成果展示进行交流提升、纠正拓展、检测巩固,使教立足于学,不断提升着教师的专业能力发展。

(二)建构主义学习理论

建构主义作为一种新的认知理论,被称为当代教育心理学中所发生的一场革命。它以皮亚杰、维果斯基等人的思想为基础而发展起来,坚信知识是由认知主体主动建构的结果,学习是认知主体的一个意义建构的过程,教学是培养学生主体性的创造活动、是引导学生从原有的知识经验中生长出新的知识经验的过程,教师应是学生主动建构意义的促进者、合作者和指导者。[①]

建构主义学习理论认为,学生的建构是在学习共同体中的互动合作中实现的,在教学过程中,师生是一种平等的伙伴关系。知识是依靠学生的主动建构获得的,教师不是现成知识的拥有者与传授者,而是学生学习的高级伙伴,要在教学活动中与学生共同建构知识,引导、帮助学生。建构主义所提倡的这种理想的学习情境,是一种尊重差异、尊重多元的和谐课堂。

建构主义教学观主要是建构主义关于知识、学习、教师、学生与教学活动等的看法与态度,包括其对"学""教"与"教学"等三个方面的理解。认为"学"是学习者自主建构知识的过程,具有自主性、经验性、境遇性与实践性等特征。在学习过程中,学习者一方面要利用原有的知识结构同化新知

---

① 杨维东、贾楠:《建构主义学习理论述评》,《理论导刊》2011年第5期。

识,赋予新知识以某种意义;另一方面要顺应新知识,对原有认知结构进行改造与重组。通过自主学习,学习者进行知识意义的主动建构。[1]

综上所述,建构主义学习的理论强调学习者的主动性,认为学习是学习者基于原有的知识经验生成意义、建构理解的过程,而这一过程常常是在社会文化互动中完成的。

"研行学堂"使学生在自主研究的基础上,进行深刻广泛的实践交流,在此过程中对知识体系形成一次次的重新建构。

静研是在给予学生自主研究空间的同时,培养学生静心、专注、放松的学习状态;学生在明确学习目标之后,带着任务在规定时间内,静心研究,可以是看例题,读课文,学生字,谈体会,找方法,也可以是冥想、思维导图等,但是自主研究的状态一定是专注、宁静的、深入的自研,才能获得深刻而多样的研究成果。

情境理论认为,唯有将学习镶嵌于它所维系的情境之中,学习才会被赋予真正的意义,学习恰恰是个体参与实践与文化适应的过程,在实践、交流、合作过程中,学生的认知体系得到再一次建构,形成新的认知体系。在竞行环节中,实践、拓展、验证、交流将成为学习的主要方法,将学与用、获取与交流形成统一,在这个过程中的"竞"文化不断激发学生力争上游,激发学生进行更深入、更广阔的思考,更具创造性的呈现。

在知识的建构过程中,教师针对学生对自主研究成果进行不断地归纳、总结、拓展,使学生进一步加深对所学知识的理解和内化,引导深层次品悟,引领学法与品格的形成。

反省是认知形成的过程,根据学习目标或任务,引导学生通过学习评价对自己的"认知过程"进行回顾、反思监控的过程,帮助学生将"认知"与"元认知"相结合,提升学生学习的自控能力、自觉性、目的性、计划性、灵活性,达到依据不同学习任务选择适合自己的学习目标、途径、策略,从而逐

---

① 温雪梅:《基于建构主义教学观的探究式课堂教学设计》,《大学教育科学》2013年第5期。

渐具备较强的学习能力的目的。

第二节　凝练"研行学堂"内涵　强调学以致用

如果学习是一只鸟儿，那么课程就是一座森林，给予新鲜的滋养，给予探索的空间，任其翱翔成长；如果学习如一粒种子，课程便是一片沃土，给予丰富的养料，给予有力支撑，催其拔节向上。在任何一个教育体系中，课程建设都是育人体系的核心，它使学习资源渗透在教育教学工作的点点滴滴、角角落落。这个核心是丰富的、多元的，但又必须是统一的、系统的，在课程构建过程中我们应当遵循一体化的课程构建理念，让课程在育人目标的引领下，实现学习内容、学习方式、评价形式的完整统一，使教学、育人、评价相互依托，互为支撑，服务于学生的积极成长。

一、关于课堂形态的思考

目前，国家的课程改革就是建立新的课程体系。"课程"与"课堂"是密切相连的。要想走进新课程，首先必须建构新课堂，也就是营造出与新课程相适应的新的课堂教学形态。因为只有当我们走进新课堂的时候，才可以说我们真正走进了新课程。为了适应新的课程形态，我们必须对传统的课堂形态进行改造，并营造出新型的课堂形态：开放性的课堂形态、活动性的课堂形态、创造性的课堂形态、生活性的课堂形态、快乐性的课堂形态。

其实，所谓课堂形态就是指一个老师课堂教学的动态过程，主要包括导入、提问、展示、交流、合作、矫正反馈、练习、总结等环节，既不能复制，也不好模仿，更难还原，体现了教师劳动的创造性、独特性与生成性。

不同的教学模式在课堂上的展现就是一种课堂形态。课堂教学模式是教师在课堂上针对学生学习而使用的教学方法，是在一定教学思想或教学理论指导下建立起来的较为稳定的教学活动结构框架和活动程序。每一种教学模式都有其特定的逻辑步骤和操作程序,它规定了在教学活动中师生先做什么、后做什么,各步骤应当完成的任务。

所以,每个老师的课堂教学过程就是一种课堂形态。但这种动态的过程是否有效,或者说哪一种动态过程是高效的就值得我们去深究了。课堂是否有效,关键是看学生的学习是否有效果,看有多少学生实现了有效学习,看是否引发了学生学习的愿望。

二、"研行学堂"课堂形态的形成

2015年,锦绣小学首次招生,结合学校的所在地域特点、社会期待,基于中国学生发展核心素养、高效课堂理念、学习科学与建构主义学习理论,确立了学校"智慧似锦 行止如绣"的办学理念。梳理历代大家、学者的成长轨迹、学习方法、生活态度,锦绣小学形成了学校文化——静、敬、竞、净,确立"以静启智,怀敬生慧,以竞励行,净以知止"的育人途径。为落实学校"科学的头脑,温暖的心灵"的育人目标,学校将"研行"文化渗透在学生成长中的每个环节,构建"研行"课程体系,逐步形成"研行学堂"课堂形态。

"研行":是学习过程中的四种关键态度,具体表述为"静、敬、竞、净"。"静"是凝神探索的专注,"敬"是对浩瀚知识的渴求,"竞"是超越自我的勇气,"净"是心无旁骛的执着。我们的课堂追求认知能力的发展,更注重元认知能力的形成。"研行"态度是元认知形成的基础和抓手,是实现知识获取、能力提升、习惯养成的思想引领,是自主学习能力形成的关键。

"学堂":区分于讲堂、课堂。"讲堂"呈现的是讲授者与倾听者的关系,讲授者拥有主导权,倾听者处于被动接受状态;"课堂"中教师、教材、学生三位一体,基于学科素养与学习材料、学生学情,借助教学实施过程落实课堂目标;"学堂"在"课堂"的基础上更加突显学生的主体地位,形成以学习活动为学习过程,以学习经历为探索途径,以交流互助为学习关系,以自主学习为学习核心的合作探究,交流成果,实践创新的空间。

"研行学堂":既是自主认知的空间,更是培养对认知过程进行积极思考、积极监控、积极调整的自主空间,认知能力与元认知能力以"研行"文化、"研行"态度为核心完成双线发展,共同提升。

总之,锦绣小学"研行学堂"形态是以学校"静、敬、竞、净"文化为引领,以静研、竞行、敬品、净省为基本环节,培养学生自主学习态度;以自主探究、合作研讨、成果交流为基本流程,培养学生自主学习能力;以冥想表达、思维导图、演绎、实验等多感官活动为学习方式,激发学生学习兴趣,提升学习效果的课堂。在学习过程中以"认知能力"与"元认知能力"的培养为双线结构,致力于学生自主学习能力的培养。

三、"研行学堂"课堂形态的构建

(一)基于学校长远发展,构建"研行锦绣"课程体系。

学生发展核心素养以培养"全面发展的人"为核心,涵盖学生发展的"必备品格"和"关键能力",它成为学校落实立德树人、发展素质教育的根本抓手。学校的课程是核心素养落地的核心体系,课堂形态、学科活动是核心素养落地的主要途径。核心素养"品格"与"能力"全面发展的要求,我校形成了"以知识探索为经、以品格形成为纬,编织锦研绣行"的课程构建理念。以此为思路,结合学校"研行文化"构建"研行锦绣"课程体系。

(二)满足家长需求,积淀学校研行文化。

家庭和学校有着共同的育人目标,即家庭和学校的合作必须以青少年儿童为出发点,更好地促进青少年儿童身心健康、全面地发展。家庭和学校是地位平等的两种不同的育人力量,他们享有平等的权利,并承担着不同的育人责任,二者的角色都由活动的管理者变为了活动的领导者。家庭和学校不断地进行沟通与交流,在合作中相互支持和帮助。锦绣小学服务于"盛润锦绣城""方圆经纬"两大社区。两座新建小区的业主多为入学购房,父母双方一方学历在大专以下人数15.29%,双方学历在大专以下占

17.67%,双方均为自由职业占51.24%。面对这样的家庭情况,我们在专家的指导下,通过召开家长座谈会,发放调查问卷,分析研判,明确了课程育人目标:培育聪明的脑,温暖的心(见表4-1)。

表4-1 锦绣小学课程因素调查表

因素	优势	劣势	机会
地理环境	位于中原区中北部,紧邻区教体局,位于锦绣城与方圆经纬两大社区之间,是棉纺路三所新建建学校之一,社会关注度很高	家长为新建小区刚需房购买业主,两大社区人口密集,多为个体经营业主,社会角色复杂,家庭教育理念参差不齐。道路、周边环境不完备	教师发展、学生锻炼的机会更多
文化传统	学校风气正,学术氛围浓厚,人员关系和谐、团结	形成自己的"研行"文化体系,特色不够鲜明,但文化需要积淀	在课程构建与实施过程中,有利于学校文化的培育和落地
学生情况	平均班额63人,学生来源于两大社区,大多是个体业主的孩子,所以孩子视野不够开阔,综合素养与总校相比有一定差距	学生素质不同,部分学生由家里老人管理,知识与品行都需要培养与引领	根据学生现状,为课程构建提供了"聪明的脑,温暖的心"的双向目标
家长情况	家长的整体素质适中,比较重视孩子的教育。对学校的认可度很高,非常支持学校开展的各项工作	家长的教育理念纷杂,部分学生长年由老人管理,对习惯养成不利。家长对孩子的要求又很高,给孩子报了很多课外学习班,给孩子带来很大的学习负担,不利于学生全面成长	各行各业的家长是宝贵的教育资源,为学校开设多样化的校本课程奠定了人才基础

(三)基于学生成长,设计"研行锦绣"课程体系。

锦绣小学目前有学生2336名,学期初,我校对各年级783名学生进行抽样调查,了解学生的课程期待,发现学生更期待体能类、思维类课程(见图4-1)。

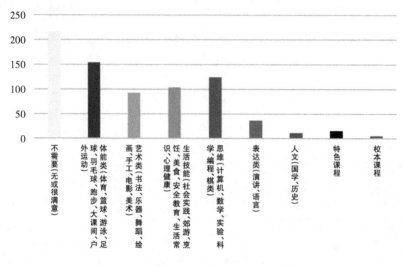

图 4-1　学生课程期待情况

　　基于中国学生发展核心素养，基于学校育人目标，基于学生课程需求，我校构建了"研行锦绣"课程体系，实现目标、课程的一致性。

　　"研"主要指学习的方式，指向于学生在各学科中研究实践、体验感知，指向文化底蕴、创新意识、科学思维、学会学习三大核心素养，从中落实学生的学科素养、学习能力和探究精神。

　　"行"主要指向实践创新、责任担当、健康生活三大核心素养，旨在培养学生的品德修养、公民意识、生命思考以及运用知识解决生活难题的思维意识。

　　"研行锦绣"旨在"研"与"行"相依相存，相互交织融合，如锦缎中的经线和纬线，相互交织，共同编织出胸怀锦绣、从善如流的锦绣学子目标，在落实核心素养的同时，使学校"智慧似锦，行止如绣"的办学理念在课程中落地。

　　"研行锦绣"课程分为包括"美研行""科研行""语研行""创研行"四大体系（见图4-2）。

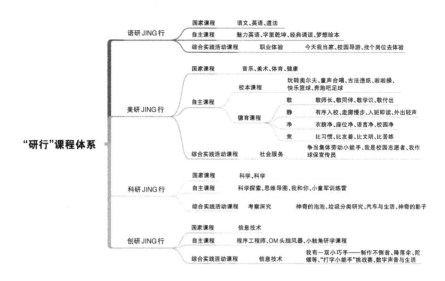

图 4-2 "研行"自主课程体系

第三节 践行"研行学堂"形态 注重以生为本

研行学堂的课堂形态一般分为三个阶段:设计、实施、评价。这三个阶段不是线性的过程,而是循环往复、周而复始的过程。课堂实施是课堂教学的一个重要环节。

一、学习目标指向学生发展

学习目标是教学活动实施的方向和预期达成的结果,包含知识与技能、过程与方法、情感态度价值观三个方面。我们确定知识与技能目标,着眼点在学生的"学识";制定过程与方法目标,着力点在学生的"学法";设计情感态度价值观目标,力图学生体验"学趣"。学识、学法、学趣三方面统一指向学生的发展。以一年级语文"日月水火"一课学习目标为例,展现目标设定。

"日月水火"一课目标。

通过借助生活场景猜字,准确识记本课八个象形字。

1.通过借助生活场景猜字,准确识记本课八个象形字。

2.观察本课八个象形字,学习读汉字想画面的方法,利用图片展开想象,学会用"_____的_____"表现想象中的事物。

3.在"汉字捉迷藏"游戏里,发现根据形状识记汉字的方法,感受汉字的规律,产生识字兴趣。

4.在共同编、唱儿歌《象形字真有趣》的过程中,总结、发现象形字特点及其造字规律,掌握根据形状识记生字的方法。

具体——展现操作性。

以具体的、可操作的行为描述展现学习目标,明确学习过程并内化学习方法。

例如"日月水火"一课识字目标。

通过借助生活场景猜字准确识记本课八个象形字。

灵动——实现生成性。

在学习情境中根据学情自然调整目标,使目标立足学习现状,以学生的发展为中心。

例如:"日月水火"一课语言训练目标。

观察本课八个象形字,学习读汉字想画面的方法,利用图片展开想象,学会运用"_____的_____"表现想象中的事物。教学过程中,教师利用图片引领学生展开想象,引领学生说"红红的太阳,弯弯的月亮"等短语,当发现图片的出示局限了学生想象力,教师灵活调整,引导学生观察生活,自由想象,自由表达,从而发展语言能力。

层次——关注差异性。

学习目标的"层次"包含两个意思:一是制定不同层次的目标,满足不同层次的学生;二是学习目标从低级到高级延展,层层递进。

"日月水火"一课能力发展目标。

1.观察本课八个象形字,学习读汉字想画面的方法,利用图片展开想象,学会用"_____的_____"表现想象中的事物。

2.在"汉字捉迷藏"游戏里,发现根据形状识记汉字的方法。

3.在共同编、唱儿歌"象形字真有趣"的过程中总结、发现象形字特点及其造字规律,掌握根据形状识记生字的方法。

在这三个目标中,学生逐步感受、发现象形字的特点,并掌握其识记规律。

二、团队学习扩大学习成果

创建团队化学习,进行团队化学习,不仅是一种重要的学习能力,而且对学习效率会产生重要的影响,尤其对学生健康人格的发展具有不可替代的作用。合作学习被誉为近十几年最重要、最成功的教学改革。而通过科学建组、合理分工、有效评价构成的合作小组,使每一个学生在学习过程中产生归属感、责任感,形成合作意识与能力,将自研所得在合作学习过程中得到展示、交流和更深入的思考与探索。

(一)科学建组

按照高效课堂"组间同质,组内异质"的原则,根据学生的不同学业成绩、心理特征、性格特点、兴趣爱好、学习能力、家庭情况等方面组成组内异质的学习小组,使组内成员之间具有一定互补性,并保持组间同质,平衡小组之间的竞争水平。

例如四五班小组构建原则。

从全班挑选出十六名学习成绩好、责任心强、组织能力强、在同学中有较高威信的学生归为一类,由他们担任十六个小组的组长;然后把剩下的学生,按学业成绩和其他综合表现分为A、B、C、D等四个层面,之后由十六个小组长随机抽签从每类学生中各选两名,从而构成十六个四人小组。根据性别、性格等特点进行组建平行微调,使各组组员实力基本相当,组与组之间的综合水平基本平衡。组内再分为两人小组,结对子成立"一帮一"互助组,互助组内既互帮又互管,互助组间既合作又竞争。

(二)合理分工

小组的合理分工是和谐共研的保证,让每个学生在小组中展现自己的价值,发挥自己的力量,促使小组整体能力不断提升。

例如班级小组分工。

每小组按四人为限,设组长一名,语、数、英学科组长各一名,纪律督查和成绩记录员各一名。

(三)成果展示

精彩的展示依托扎实的自研和充分的合作,所以成果展示是研行学堂的核心环节,带动整个教学流程,牵一发而动全身。

例如小组展示流程(见表4-3)。

表4-3 小组交流展示

识字写字部分交流示模式	1.组长:大家好,我们是XX小组,我们与同学们交流我们的字词部分学习成果。首先,我们组将轮流为大家朗读课文,请大家做好评价的准备。我们读完了,有什么问题和建议请和我们交流。 2.一号同学:接下来,我和大家交流生字学习成果,请跟我一起读生字,每个字读两遍。我们再来看看书写中容易出错的字,我认为易错字有XX,原因是……,你们在学习过程中还发现哪些易错字?请和大家交流。 3.二号同学:请同学们跟我一起来研读课文中容易读错的句子,我认为,有这样几句,谁愿意来读给大家听? 在这些句子里有一些词语不好理解,你们都理解了哪个词语? 用到了什么理解方法? 4.三号、四号同学:读了这篇课文中,我的体会是……我是从这个句子中感受到的……我想给大家读一读。你们的感受是什么? 我们一起交流。 5.组长:感谢大家,通过和你们的交流我们收获很多

(四)高效互动

如果放任学生的学,而缺失教师的教,课堂必定低效甚至无效,高效互动是"研行课堂"中的必需策略,引领生生的思维碰撞,给予教师总结、纠正、延伸、检测的契机(见表4-4)。

表4-4 高校互动交流机制

交流方式	交流时机	交流内容	交流人
辩论式交流	展示小组逐个汇报学习成果时	针对小组成员之一的研究成果进行质疑、辩论	学生、教师
补充式交流	展示小组逐个汇报学习成果时	针对小组成员之一的研究成果进行补充、完善	学生、教师
评价式交流	展示小组汇报完毕时	针对展示小组的学习成果、展示效果进行评价	学生、教师
总结式交流	展示小组汇报完毕时	针对展示小组的学习成果进行总结、指导、提升	教师

三、研行一致形成学校特色

(一)在学习科学中探寻研学路径

学生发展核心素养明确了学生应具备的适应终身发展和社会发展需要的必备品格和关键能力。我们认为"敬、净"是学习过程中的必备品格,"静、竞"是学习过程中的关键能力。在学习过程中,我们首先应引领学生形成的是敬知识、敬科学、敬文化、敬创造、净心于学、关注过程、自我监控、心无旁骛的学习品格;形成专心、专注、超越、创新的学习能力。

目前学习科学的研究日趋成熟,学习科学研究已经反复证明了反思在深层次理解学习中的重要作用,在当代学习科学的探索中,对元认知的研究和对元认知能力培养的实践是十分引人注目的,其研究成果对自主学习能力的培养有着重要的指导作用。其实质是对认知的认知,是个体对自己的认知加工过程的自我觉察、自我反省、自我评价与自我调节。而"研行学堂"形态便是给予学生积极向上的学习态度,并以此为标准完成自我反思,自我监控,自我促进,使认知与认知状态和谐统一。

(二)在国家课程中落实以研促行

国家课程的课堂教学形态以学校"静、敬、竞、净"文化为引领,构建"研行"课堂形态:即敬师敬识、净心净言、静思静读、竞创竞行,力求打造动静结合、内外相生、德智合一的研行课堂。课堂中,以静研、竞行、敬品、净省为基本环节，培养学生自主学习态度。静研，即给予自主研究的空间，培养静心与专注的习惯；竞行，即给予成果交流的平台，形成超越与创新的态度；敬品，即引导深层次品悟，引领学法与品格的形成；净省，即基于目标检测监控，发展反省、调控的学习品格。以自主探究、合作研讨、成果交流为基本流程，培养学生自主学习能力；以冥想表达、思维导图、演绎、实验等多感官活动为学习方式，激发学生学习兴趣，提升学习效果。在学习过程中以"认知能力"与"元认知能力"的培养为双线结构，致力于学生自主学习能力的培养。

例如，在竞行环节中，实践、拓展、验证、交流将成为学习的主要方法，实践和交流既可以是小组共同参与，也可以是选出代表进行交流，还可以是登台演板、演绎、实验、辩论，在交流碰撞中，将学与用，获取与交流形成统一，这个过程中的"竞"文化不断激发学生力争上游，激发学生进行更深入、更广阔的思考，更具创造性的呈现。

"研行课程"将"研"与"行"相互交织融合，在国家课程中落实，以研促行，由学到研，培养学生的"研行"品格、"研行"能力、"研行"态度。

（三）在校本课程中实现研行并重

校本课程的课堂教学以"研"为核心，通过自主研究，以小组合作、交流分享、拓展运用为基本模式，由一次次"微研究"组成教学活动，学习成果即为学生的研究成果。

"研行课程"将"研"与"行"相互交织融合，在校本课程中实现研行并重，由行到学，培养学生的"研行"品格、"研行"能力、"研行"态度。

为培养学生"研"与"行"的能力，每个校本课程按专题展开研究与实践，并在学习过程中给予学生充分地自主研究与探索的空间。在校本课程教学过程中，每个专题按照"引导质疑，组建小组——完善计划，展示修正——研学实践，形成成果——成果展示，分享交流"的流程开展，将综合实践活动与研究性学习有机结合。

四、典型课例

以下是学校校本课程执教教师的教学案例,从中可以看到我们将"研"与"行"相互交织融合进行设计的课堂效果。

(一)语文学科典型课例"学弈"教学设计

"学弈"教学设计

教学目标:

1.会读"弈、惟、俱"等5个生字,"专心致志"等4个词语。理解"之""为"的意思并总结学法。

2.正确、流利地朗读课文,能根据注释疏通文义。

教学过程:

一、导入

同学们,琴棋书画,是中国古代四大艺术,源远流长。今天我们就来学习一则与棋有关的文言文——《学弈》。看老师板书课题,学弈。"弈"是什么意思呢? 请你说。"弈"也是围棋最早的别称。"学弈"就是学习下棋。齐读课题。

二、初读课文

师:请同学们自读课文,注意读准字音、读通句子。难读的句子多读几遍。

同学们读完了,你认为哪些句子比较难读? 我们先来交流一下。请你说。

师:"思援弓缴而射之"中的"缴",结合注释,你发现"缴"在这里指带有丝绳的箭,所以读 zhuó。你有一双善于发现的眼睛。你有补充。

对,这是个多音字,我们常见的读音是缴费,缴纳,jiǎo。你很会学习,请坐。

还有哪些句子比较难读? 我们继续交流。

"为是其智弗若与",结合注释,你知道了这里的"为"是因为,所以读四声。

你很聪明，能够根据意思来推断读音。你想说，是的，这也是个多音字，而且在文中不止出现了一次，还有吗？我们来看。自己先读一读，联系上下文，根据意思来辨别它们的读音。请你说。

"一心以为有鸿鹄将至"这里的"为"你理解得很准确，是认为，以为的意思。"惟弈秋之为听"这里的为，没有实际意义。你能够根据这个字的意思辨别它的读音，像这样据义辨音，是读准文言文的好方法。请同学们再读一读这三个句子吧。

难读的句子读好了，正确流利地读全文应该也没有问题。谁来试试？请你。

师：声声入耳，字字准确。

师：想要读好文言文，不仅要读得准确，还要把握好停顿。听老师读，关注老师的停顿。（配乐范读）

师：请同学们像老师这样自己练习读一读吧。谁来试试，请你。其他同学认真听，关注他的停顿。

师：准确流利，停顿得当。与前面相比，你读得最好的是最后两句。"为是其智……"这是个设问句，一问一答，你读得甚是精妙。再读这两句话。（指生读，齐读）

师：已经有文言文的雅韵了，配上音乐，你们一定能超越我。

生读

师：古色古香古韵，听你们读古文，真是一种享受。

三、再读课文，理解文意

师：读好了全文，还要理解文意，学习文言文有哪些好方法呢？

生1：结合插图、结合注释、联系生活经验……

师：请你对照注释，想想每句话的意思，再连起来说说故事的内容。

四人小组合作学习。要求：1.小组内交流不理解的地方。2.梳理出小组内共同的困惑。稍后全班交流。

你们都遇到了哪些问题呢？请你来说。文中有好几个"之"，理解起来

的确有难度。我们一起来探究。(出示句子)

第一句,请你说。"弈秋,通国之善弈者也",弈秋,是全国擅长下棋的人。在这里的"之"意为"的"。你理解得很准确。

第二句话中,出现了三个"之"它们分别是什么意思呢?你来说。

"惟弈秋之为听","之"指的是"弈秋的教导"。"一人虽听之"也是代指"弈秋的教诲"。那么,"思援弓缴而射之"这里的"之"同样是个代词,它指的是"鸿鹄"。联系上下文,你理解了这几个"之"的意思,好极了!

第三句话中还有两个"之",谁来挑战? 好,你来说。

你是结合注释来理解的,"虽与之俱学,弗若之矣"这两个"之"的意思是一样的,都代指"他,专心致志的那个人"。学贵得法,很好!

同学们,同一个"之",在不同的语言环境中有不同的含义,这就是文言文中常见的"一字多义"。

师:还有哪些疑问? 我们继续交流。请你。你们不理解"虽与之俱学"中的"俱"和"弗若之矣"中的"弗"。谁来解答一下? 你来说。

联系上下文,你知道了"虽与之俱学"是虽然前者和后者一起学习,这里的"俱"表示"一起,都",结合注释,"弗若"是不如,那么弗的意思就是"不"。你真是个会学习的孩子。请坐。

理解了俱和弗,你能推测出这两个词的意思吗?(声泪俱下、自愧弗如)思考一下。请你说。声泪俱下:一边诉说,一边流泪,形容十分悲痛。你理解得很准确。"自愧弗如",自己感觉不如别人而感到惭愧。你还想到了我们熟悉的成语"自愧不如"。联系旧知,真了不起! 我们不仅要理解"弗"的意思,还要写好这个字。伸出手指,和老师一起写"弗",注意笔顺。请同学们把这个字在书上写一遍。

理解了文言文中重点字的意思,并以此推测相关词语的含义,这就是学以致用。

师:解决了这些疑问,谁能对照注释,连起来说说故事的内容?你来试试吧。

完整又准确。理解了文意再来读,相信你会有不一样的感受,一起读。

四、品读课文，对比感悟

师：俗话说，名师出高徒，弈秋是否教出了两个棋艺高超的学生呢？
（没有）

他们学弈的结果怎样？请你说。

（课件出示：虽与之俱学，弗若之矣。）

这是为何呢？让我们再次走近他们的学弈课堂，去一探究竟。请同学
们默读课文，画出两人学弈时的不同表现，想一想他们的学习结果为何不
一样？

师：你画出了这个句子。（出示）。孩子，两个人同时在听弈秋的教诲，
后者为何不如前者呢？

生：一个人只听弈秋的教诲，另一个人一心想着拉弓搭箭去射鸿鹄。

师：原来是学习态度不同啊，你会用哪些词来形容他们？一人专心致
志，一个人三心二意。

（板书：专心致志）专心致志这个成语也就由此而来。

师：让我们通过朗读去感受他们不同的学习状态。谁来读？请你。

听了你的朗读，我仿佛走进了弈秋的课堂，看到了这两个学生学弈时
的不同画面。

师：还有这么多同学想读呀，那这样吧。我们男女生来配合。请女生
读描写第一个学生的句子，男生读描写第二个学生的句子，让我们在对比
中去感悟两人截然相反的学习态度。"使弈秋……"

师：不同的态度造就了不同的学习结果，一起来读文中的最后三句话。
"虽与之俱学……"小故事中往往蕴含着大道理，在探究他们不同学习结果
的原因时，相信同学们也都悟到了这则文言文给我们的启示。请你说。做
任何事都应专心致志，不应三心二意。让我们把这一深刻的道理铭记于
心，一起读，学弈。熟读成诵，给同学们两分钟的时间，自己练习背一背。
好，我们一起来试试吧，学弈……

正如《孟子·告子上》所言：不专心致志，则不得也。短短的70个字，一
个简简单单的小故事，至今还影响着人们，这就是经典，这就是文化，这就

是古文向我们传递出的大智慧。

课下请同学们完成学习单上的作业。

(继续背诵《学弈》。阅读同样选自《孟子·告子上》中的小短文《杯水车薪》,结合注释理解文意,感悟小故事中的大道理。)

这节课我们就上到这里,下课,同学们再见。

"学弈"作业单

一、基础性作业:

继续背诵《学弈》。

二、拓展性作业:

阅读下面这则小短文,在理解意思的基础上,感悟故事所揭示的道理。

杯水车薪

仁之胜不仁也,犹水胜火。今之为仁者,犹以一杯水,救一车薪之火也。不熄,则谓之水不胜火,此又与于不仁之甚者也,亦终必亡而已矣。

【注释】①与:助　②亡:失去

1.对照注释,想想每句话的意思,再连起来说说故事的内容。

从这个故事中,我感悟到的道理:＿＿＿＿＿＿＿＿＿＿＿＿＿＿＿

(二)数学学科典型课例

"1000以内数的认识"教学设计

教材来源:小学二年级《数学》教科书/人民教育出版社2013版

内容来源:小学二年级《数学下册》第七单元

主　　题:万以内数的认识

课　　时:共11课时,第2课时

授课对象:二年级学生

设 计 者:高佳佳/郑州市中原区锦绣小学

【课标要求】

在现实情境中理解万以内数的意义。

【核心能力】

在数数的过程中,创造新的单位"千",体会数的意义。培养数感。

【学习目标】

1.通过数小正方体,经历用不同计数单位数数的过程,理解认识计数单位"千",感悟相邻计数单位之间的十进制关系和位值制,发展数感。

2.经历数1000以内数的过程,体会选用合适的计数单位掌握不同的数数方法和规律,会数1000以内的数。能够恰当地描述1000以内的数的大小。

3.通过感受借助1000粒豆子的多少,1000张纸的厚度,1000元的大小,感受1000的实际多少。

【学习重点】

掌握数数方法,理解计数单位"千",理解相邻两个计数单位之间的十进制关系。

【学习难点】

拐弯数的方法,理解相邻两个计数单位之间的十进制关系。

【评价任务】

任务1:完成活动1,思考1、2。

任务2:完成活动2,思考3、4、5。

任务3:完成活动3

【配套资源】

准备:大正方体,1000粒豆子,1000张纸,1000元,

学生:寻找生活中的100以内的数、大正方体。纸质小棒、纸质正方体、计数器

【学习过程】

一、新课讲授,探索新知

(一)认识计数单位"千"

孩子们,回忆一下,前面我们认识了哪些计数单位?(板书)你会用这些计数单位来数数吗?

过渡语:老师这儿有一个大正方体,它是由很多个像这样的小正方体一个一个组成的,瞧! 一层、两层、三层…,可是实心的哦!(实物学具)

师:想不想知道它是由多少个小正方体堆积起来的?

生:想。

师:那我们就…(数一数吧)

活动1:请同学们拿出学具,四人小组合作完成。

小组活动单:

1.想一想,怎样数。

2.数一数,共同完成。

3.写一写,做记录。

4.汇报分享,并评价。

请看评价标准。

评价标准	评价等级
1.能选用合适的计数单位正确数出小正方体的个数,清楚地说出和写出数的过程。3颗星。	
2.选用合适的计数单位正确数出小正方体的个数,但不能清楚地说出数的过程。2颗星。	
3.不能正确数出小正方体的个数,也说出数的方法。1颗星。	

开始吧!

1.我们一共数出了( )小正方体。

2.我们是这样数的。

先 ( )个( )个地数,数出( )。

再 ( )个( )个地数,数出( )。

最后( )个( )个地数,数出( )。

说明2:活动单再丰富一些,让学生按照活动单来活动和汇报。

师:哪一个小组来汇报?

按活动单汇报,课件同时演示:(注意事项剥离式演示)

生:一共有1000个小正方体。

生:先一个一个地数,为了同学们看得更清楚老师这里也准备了大正方体(课件)一起数。1,2,3,4,5,6,7,8,9,10。

师:到一千了吗?

生:没有

师:离一千?

生:还远着呢

师:那接下来你们是几个几个地数?

生:十个十个地数

师:聪明,一起来数:10,20,30,40,50,60,70,80,90,100,

师:10个十是100。到一千了吗?

生:没有,还很远

师:但是跟刚才的10相比现在距离1000怎么样?

生:近一些了

师:接下来准备怎么数?

生:一百一百地数

生:100,200,300,400,500,600,700,800,900,1000

师:到了没?(到了)嗯,谢谢你们的分享请回。

刚才我们在这一组的带领下数数通过一个一个的、十个十个、一百一百地数,数到了一千。你觉得他们的方法怎么样? 评价一下。

生:请各位组长对本组的表现进行评价。

计数器演示全过程

师:瞧! 老师带来了帮助我们认数的好朋友。它是…计数器。要从这个1数到1000,我们完整的来看一看,先从1数到了10,几个一是十? 够10个怎么办?

生:个位满十,向十位进一。(真了不起)

师:接着数,十个十了,怎么办? 一起说。

生:十位满十,向百位进一。

师:十个百呢?

生:百位满十,向千位进一。

思考1:"千"位? 它应该在哪里? 请你来指一指(百位的左边)为什么在这里?

生:需要更大的计数单位(由需要产生新的计数单位,而非知道)

师:同学们看,个位满十进一,十位满十又进一,百位满十再进一,我们从一数到一千,经历了三次满十进一,说明"1000"这个数怎么样?

生:很大

思考2:目前为止,我们已经学到了哪些计数单位?

生:一,十,百,千

小结:今天我们迎来了计数单位中的新成员——千,这就是我们今天学习的千以内数的认识(板书)。

说明3:过程更细了,充分感知十进制,初步建立1000的数感。

【设计意图:以大正方体为数数的载体,经历数数的过程,在数数时选择合适的数数的方法,同时了解大正方体的结构,从而正确数数。感受更大的计数单位?"千"的产生的必要性,从一到十,再到百,最后到千,体会相邻数位之间的十进制关系。】

说明:

(二)直观感知,经历数1000以内数的过程

过渡语:刚才我们认识了1000,但1000以内的数很多很多,课前老师请大家搜集了一些生活中1000以内的数,大家搜集到了吗?

1.多种模型表示数(提前布置1:收集生活中一千以内的数,数字写在卡片)

师:谁想给大家分享一下你收集的数,上前来。

生:xxx

师:这个数字表示什么意思呢?

(3名同学分享)

师:同学们发现这么多生活中1000以内的数,那你能从中选择一个数,并借助手中的学具表达出来吗?(纸质小棒、纸质正方体、计数器)

师：老师收集了几个作品，谁来给大家介绍一下，这表示的是几。

生：4大捆小棒表示400

……

师：通过刚才的学习，老师发现大家选择小棒、正方体，还有计数器，把某一个数表示了出来，说明同学们对数已经有了自己的认识。

2.选择合适的计数单位数数

师：只会摆那可不行，接下来我们来数数，请同学们从这些数一直数到一千。

活动2：

(1)400数到1000

师：我们先从第一个400开始，同学们从400到1000，你们打算几个几个的数呢？

生：我打算一百一百地数。

师：你能在计数器上试着边拨边数？(学具准备：大计数器)

思考3：最后百位上明明有十颗珠子，怎么没有了？

生：百位上满十了，就要向千位进一。(思路真清晰)

(2)860数到1000

师：能从860数到1000吗？你准备几个几个地数？同桌两人可以商量一下，然后一人拨珠子一人来数数，合作完成。

师：谁来展示一下你们数的过程。

思考4：你们刚才不是说一百一百地数特别快吗？为什么现在决定十个十个地数了呢？

生：因为从860数到1000，一百一百地数只能数到960，所以选择十个十个地数。(想得真周到)

小结：我们要根据实际情况选择合适的计数单位，来数数。

(3)从983数到1000　(学生领着数)

师：谁能从983数到1000？这一次你打算怎么数？

生：一个一个地数。

师:为什么这么大的数你却是一个一个地数呀?

生:如果选择一百一百、十个十个地数就数不到1000。

师:983距离1000很近很近,看来要选择合适计数单位来数数。请一个坐的最端正的同学,带着大家一起用计数器边拨边数。

思考5:孩子们从983我们一个一个数到1000,做了几次满十进一?

生:3次

师:个位满十进一,十位满十又进一,百位满十再进一,我们从一数到一千,经历了三次满十进一。

小结:谢谢大家提供的素材可真不少,都数到了一千,通过这些数我们学会了选择合适的数数方法。真了不起。

【设计意图:通过数数活动,巩固不同的数数方法,同时通过计数器边拨边数的过程,突破拐弯数的难点。进一步深化对计数单位的认识,感受十进关系。】

说明4:把教师规定的几个几个地数表位学生根据实际情况灵活选择计数单位来数;把教师规定的数改为学生自己收集的数。

(三)联系生活,感受意义

活动3:

1.100以内数的意义

师:老师和你们一样,也找来了生活中的数,想看吗?

师:280

师:它跟一座楼房的高度有关,你们觉得这栋楼高吗? 说理由,为什么你觉得它很高?

生:用不同的感觉来表示,还用参照物去比对。

师:借助教学楼来叠高,想象。

师:按3米一层的话,这栋房子大概90层。想象一下,咱教学楼有5层,这栋楼大约需要18个我们学校叠起来那么高吧。

生:哇!

师:我看到好多同学张大嘴巴,哇,那么高。来看一下,到底是什么建筑？绿地广场会展宾馆,也就是大家说的大玉米楼。

生：哇。

师：这就是我们河南的最高的建筑。

师：它的高度在全国排名是第24名。

生：第一高楼是上海中心大厦高632米,想一想,是我们大玉米楼的两个还要高！

师：想不想知道世界第一高的建筑有多高？线索不到1000米,但是比中国的632米还要高,你猜可能是多少米？

生：我觉得应该×米(随着学生的猜,教师用比较大小的方法缩小范围,最后锁定)

师：全球最高的这栋楼就是你们猜出的828米,第一名的高楼在迪拜,也就是大约55个澜景小学叠起来那么高！

师：老师还找来的第二个数是450,它跟什么有关呢？一起来看。他在干吗?(跳绳)

师：你平时一分钟跳绳多少个?(课前准备2:提前问大家)

师：当我们平时看到这个450的时候,也许你没有什么感觉,但是当它和一个楼房的高度发生关联,你会觉得它很？

生：高。

师：真棒,当你跟一个小朋友跳绳的个数联系起来,你会发现他跳绳的速度？

生：很快。

师：如果说,一个人的一个月收入是450元,你会觉得很？

生：少。

师：所以,我们学习数的时候,要把它和我们具体的生活画面联系在一起的时候,你会发现,每一个数都是鲜活的,每一个数都能给我们带来特别的感受。

刚才我们感受了1000以内的数,接下来我们走进生活中的1000来感受一下。

2.生活中的一千(计数单位1000)

(1)1000个人

师:孩子们,咱们班有52名同学,想一想,几个班的人数大约是1000?

生:20个班。

(2)1000张A4纸

师:薄薄的一张纸,100张纸也这么厚度呢!那,1000张纸呢?比划比划。

(3)1000粒大米

师:这是10粒大米,你来想一想1000粒大米大约有多少?比划比划。

出示图片(手捧1000粒大米)

生活中的一千还有很多……

课件出示:孩子们,1000粒米、1000个正方体模型、1000根小棒、1000张纸、1000个人……,不同的事物背后有一个相同的数是…1000,把1000在计数器上表示呢?(千位数上拨一颗珠子就可以了)真是一颗神奇的珠子。这颗珠子在千位数就可以表示1000个正方体模型、1000根小棒、1000张纸、1000粒米、1000个人……别小看了1颗珠子,我们看数的大小的时候不能仅仅看数字,更重要的是看它在?哪一位上!不同的位置表示的大小是不同的。

三、全课总结

过渡语:从学习中我们发现,数在我们生活中无处不在,只要我们善于观察,就能够发现更多的数。回顾这节课,你有什么收获?

小结:数源于生活,用于生活,希望同学们在今后的学习或生活中,做一个善于发现的有心人。

(三)幼小衔接课程典型课例

幼小衔接课程让孩子健康发展

依托我校"智慧似锦 行止如绣"的办学理念,通过"以静启智,怀敬生慧,以竞励行,净心知止"的实施途径,课程致力于培养具有"聪明的脑"和"温暖的心"的锦绣学子。

1.学校使命

落实小学入学适应教育指导要点：以习近平新时代中国特色社会主义思想为指导，全面贯彻党的教育方针，落实立德树人根本任务，遵循儿童身心发展规律和教育规律，深化基础教育课程改革，建立幼儿园与小学科学衔接的长效机制，全面提高教育质量，促进儿童德智体美劳全面发展和身心健康成长。

落实学校办学理念：幼小衔接课程设置了"校园微旅行、成长的秘密、合作我能行、好习惯课堂、我爱红领巾"五大主题，通过各种活动与课堂互动，对个人行为、情绪、心理等形成自我掌控、自我约束，养成点滴的好习惯，从而实现"智慧似锦 行止如绣"的办学理念。

落实学校"研行"核心素养："校园微旅行"让学生认识熟悉校园、爱护校园，通过点滴的渗透，达到学校"净"的育人目标；"成长的秘密"通过体育锻炼、勇敢竞争，达成"竞"的育人目标；"好习惯课堂"通过行为规范的养成，静心思考，达成"静"的育人目标；"我爱红领巾"通过点滴的队前教育课程，渗透学校"敬"的育人目标；"合作我能行"通过一系列游戏和讨论活动，增强学生集体荣誉感，树立自信心，达成人本教育目标。五大主题课程相辅相成，落实学校"研行"核心素养，互为促进。

2.培育目标

(1)通过幼小衔接课程提高学生对上学的兴趣，学生能保持积极愉快的情绪面对学习和生活中遇到的问题并尝试自己解决。

(2)通过本课程帮助学生养成良好的学习习惯、生活习惯、行为习惯，培养独立思考、独立动手的能力，提高注意力。

(3)通过本课程培养孩子的良好品格：礼貌、热情、积极、自信、感恩、荣誉感、自豪感。

(4)通过本课程让学生能更好地适应小学生活，避免孩子入学后出现的学习压力、交往压力及逆反心理。

3.课程目标

根据《小学入学适应教育指导要点》的建议和要求，以身心适应、生活适应、社会适应和学习适应四个方面的内容为核心，依托我校"研行课程"规划，设计"校园微旅行、成长的秘密、好习惯课堂、合作我能行、我爱红领巾"五个主题的课程学习，使学生掌握有关学习、成长、生活等方面的知识，培养尊重他人、热爱学校、热爱生活的美好情感，养成良好的学习、卫生、生活习惯，以此更好地进行幼小衔接。五个主题课程目标如下：

(1)校园微旅行(身心适应)

记住校名和班级，了解校园环境；

懂得入学之初注意事项；

初步培养热爱校园，热爱班级的情感。

(2)成长的秘密(身心适应、生活适应)

了解上体育课和锻炼身体的好处，知道一些保护身体健康的简单常识和方法；

学会一些基本运动、游戏、韵律活动和舞蹈的方法，提高身体素质和基本活动能力；

体验参加体育活动的乐趣，遵守纪律，与同学团结合作；

通过儿歌、故事等，初步认识并养成良好的作息和生活习惯。

(3)好习惯课堂(社会适应、学习适应)

了解学校的办学理念，认识校纪班规，初步养成规则意识；

能初步分辨是非，爱护班级荣誉，感受集体生活的快乐；

在学习和生活中能逐步领会老师同学的说话内容，能勇于表达自己的想法，与同学友好相处；

保持好奇心，能够在学习、阅读、交流中发现问题、提出问题。

(4)合作我能行(身心适应、社会适应)

通过参与游戏，能与同学合作完成任务，感受到集体生活的快乐；

尝试使用工具来解决自己遇到的问题，有问题试着寻求帮助；

了解并遵守行为规范，并制定小组行为规范，初步形成规则意识。

(5)我爱红领巾(身心适应、生活适应、社会适应、学习适应)

了解队章的基础知识，树立小学生意识；

懂得加入少先队的意义,能够在日常学习和生活中规范自己的言行;

初步培养珍爱红领巾、热爱少先队的情感;能够与同学和谐相处,能够试着解决自己不懂的问题、遇到的困难等;

积极参与班级、学校各类活动,增强集体荣誉感和个人自信心和信念感。

4.课程内容

主题	课时名称	教学内容	课时安排
校园微旅行(净)	第一课时:我爱新学校	1.排排队,走路队 2.小手拉一拉,校园游一游 3.教室坐一坐,教室外画廊看一看	6课时
	第二课时:开启任意门	依次参观各个功能室,神奇编程室、百味书屋、奇妙动感舞蹈室、百变美术室、魔幻科学实验室、纸馨留香造纸室	
	第三课时:户外锦时	1.参观学校操场,感受教室外的美丽锦绣 2.了解升旗活动以及体育课进行的场所,老师教授安全知识,保证户外活动安全	
	第四课时:锦绣探美"锦囊"	1.探寻校园的正确打开方式,这里有锦囊妙计 2.根据"锦囊"里的妙计,找寻校园里的独特景致。如风力监测站、小花园、操场、智慧书柜等等	
	第五课时:"奔跑中成长"校园寻宝主题活动	1.介绍"寻宝"游戏和游戏要求 2.彩虹"寻宝" 3.熟悉学校路线,"寻宝"快乐分享	
	第六课时:校园植物我知道	看看画画、做做玩玩,体验观察描述校园植物	
成长的秘密(竞)	第一课时:成长的秘密	1.认识你自己,比高低 2.争做护眼小卫士 3.我是无龋好儿童	5课时
	第二课时:课间安全我知道	1.小学生课间安全问题 2.课间活动注意事项 3.课间小游戏	
	第三课时:我爱体育课	1.练队形 2.练习三面转法 3.传球接力游戏	
	第四课时:小兔子采蘑菇	1.了解小兔子怎么跳 2.模仿小兔子双脚跳跃 3.小兔子采蘑菇游戏	
	第五课时:队列队形	1.快速集合 2.原地踏步 3.单排齐步走 4.叫号游戏	

主题	课时名称	教学内容	课时安排
好习惯课堂(静)	第一课时：我是小学生啦！	1."大手牵小手"引领至班级门口 2.成长树上留手印，与班主任拥抱离场 3.班级内欣赏绘本《大卫上学去》	5课时
	第二课时：安"静"思考我能行	1.认识"静文化"代言人锦小蝶 2.学习儿歌并教授口令 3.比比谁最棒	
	第三课时：洁"净"环境我有责	1.认识"净"文化代言人锦小喵 2.学习儿歌《整理书包》并观看相关视频 3.整理书包、桌椅大比拼	
	第四课时：互"敬"互爱小明星	1.认识"敬"文化代言人锦小鹿 2.观看《程门立雪》视频，了解尊敬的对象都有哪些 3.观看包书皮视频，放学后，亲子活动包书皮	
	第五课时："竞"做锦绣好少年	1.认识"竞"文化代言人锦小虎 2.听绘本《小老鼠分果果》，了解竞争共赢合作意识 3.口令训练，并练习书写自己名字	
合作我能行(静)	第一课时：极速接力	1.游戏规则介绍 2.分组游戏，体验游戏中的共同协作 3.游戏成功的奥秘——齐心协力	5课时
	第二课时：趣话童年	1.引导分组讨论这个假期最难忘的事 2.每组推选代表讲述	
	第三课时：自信独立我最棒	1.小组讨论一日行为规范 2.定一日行为规范 3.畅所欲言，怎么能做好以上内容	
	第四课时：童心执笔	1."小小木头人"标准坐姿大比拼 2."寻找佩奇"小游戏，开启手指灵活度训练 3.执笔姿势三字口诀	
	第二课时：开启任意门	依次参观各个功能室，神奇编程室、百味书屋、奇妙动感舞蹈室、百变美术室、魔幻科学实验室、纸馨留香造纸室。	
	第三课时：户外锦时	1.参观学校操场，感受教室外的美丽锦绣 2.了解升旗活动以及体育课进行的场所，老师教授安全知识，保证户外活动安全	
	第四课时：锦绣探美"锦囊"	1.探寻校园的正确打开方式，这里有锦囊妙计 2.根据"锦囊"里的妙计，找寻校园里的独特景致。如风力监测站、小花园、操场、智慧书柜等等	
	第五课时："奔跑中成长"校园寻宝主题活动	1.介绍"寻宝"游戏和游戏要求 2.彩虹"寻宝" 3.熟悉学校路线，"寻宝"快乐分享	

主题	课时名称	教学内容	课时安排
我爱红领巾(敬)	第一课时: 我是中国人	1.我有一个大家庭,大家来找茬儿:找找小朋友的衣服帽子有什么不同 2.我爱我的家,小小发现家 3.说一说、唱一唱、诵一诵,我是中国人	6课时
	第二课时: 榜样的力量	1.大哥哥大姐姐进班:我们哪里不一样? 2.讲述小英雄的故事 3.哥哥姐姐的鼓励	
	第三课时: 你好,红领巾	1.少先队知识知多少 2.画一画佩戴红领巾的你	
	第四课时: 祖国放心,强国有我	1.观看视频了解新时代队风 2."逆行"下的队员 3.我和队礼来合影	
	第五课时: 唱队歌,敬英雄	1.小耳朵听队歌 2.小嘴巴唱队歌 3.唱响队歌动起来	
	第六课时: 背誓词,表敬意	1.看动画听誓词 2.跟老师学誓词 3.我们一起来宣誓	

5.课程评价

幼小衔接课程的重点不是知识的准备问题,而是如何激发学生的学习兴趣,引发其对知识的好奇心,培养学生具有积极主动的学习态度,养成良好的学习习惯,并树立克服困难的勇气等。因此,幼小衔接我们考虑以学生发展为本,遵循学生的年龄和心理特点,注重兴趣、习惯、能力的培养。为了每个方面都能持之以恒地关注并坚持进行发展,学校第一学段教师共同梳理了学生在身心适应、生活适应、社会适应、学习适应方面养成的关注点,形成全面、一致的过程性评价体系。

过程性评价体系表

评价标准	自评	本组评	他组评	老师评	身心适应生活适应社会适应学习适应
1.适应学校生活,保持心情良好	☆☆☆	☆☆☆	☆☆☆	☆☆☆	
2.养成良好作息,学会课前准备	☆☆☆	☆☆☆	☆☆☆	☆☆☆	
3.热爱劳动,安全自护	☆☆☆	☆☆☆	☆☆☆	☆☆☆	
4.在小组合作有所贡献	☆☆☆	☆☆☆	☆☆☆	☆☆☆	

续表

5.共享观点、想法	☆☆☆	☆☆☆	☆☆☆	☆☆☆	
6.倾听他人观点	☆☆☆	☆☆☆	☆☆☆	☆☆☆	
7.问题解决	☆☆☆	☆☆☆	☆☆☆	☆☆☆	
8.帮助小组做出公平决策	☆☆☆	☆☆☆	☆☆☆	☆☆☆	

实施评价的主体是锦绣小学的每一位参与幼小衔接的教师。大队部为每位老师配备"锦绣币",老师有义务在课堂上发现以上表现突出的孩子,在自评、组评、他组评、教师评的基础上给予奖励。当学生获取的"锦绣币"数量达到三枚,即可到大队部兑换一枚"锦绣勋章",如果"锦绣徽章"攒够"静、敬、净、竞"四个主题,该生即可拥有参选大队部成员的资格。此举同时也让学生争做校园文化的主人,让"研行"文化落地生根(见图4-3)。

图4-3 "锦绣币"积累、兑换流程图

各班学生将自己获得的"锦绣币",张贴"锦绣币"积累、兑换流程图:在教室后面的"彩旗榜",各科教师通过"彩旗榜"观察学生的不同表现,发现强项与弱势,给予适当的关注与关怀。

对于学生来说,从幼儿园过渡到小学是一个全新的开始,需要一段适应期。但是,不同学生所经历的时间长短不一样,有些学生进入小学一个月就能完全适应,而有些学生可能就需要一个学期甚至更长时间。所以,我们不将学生横向与他人比较,而是更多的纵向与自身的发展进行比较。同时,我们主动与幼儿园接触,多考虑初入学学生的身心特点,形成衔接工作的双向性。

6.教学案例

"校园微旅行"教学设计

课程名称	第一课时:我爱新学校	适应板块	社会适应
活动主题	校园微旅行(净)	设计教师	朱晴晴
学情分析	一年级学生刚刚从幼儿园步入小学校园,内心充满了惊喜、好奇与少许的陌生恐惧感,学生自己畅谈对校园的初印象,可以一定程度上让学生对校园甚至是小学生活产生向往和憧憬		
活动目标	通过交流对校园的初印象,让学生对学校有最初的印象,产生对校园的憧憬情感;通过介绍校园的文化特色,初步建立一种规则意识,同时将学校的"研行"文化初步渗透于学生;通过表达自己的新学期展望,学生初步树立小学生意识和规则意识		
活动准备	PPT		
活动过程	环节一:谈话导入(预设5分钟) 1.同学们来到校园后,你有什么感觉呢? 预设:很大、楼很高、有很多大哥哥大姐姐…… 2.你们发现的可真不少。这里叫作锦绣小学,从今天开始就是一名小学生了,欢迎大家加入我们锦绣小学的大家庭! 3.刚刚你们说了咱们学校的很多事物,那么,同学们喜欢我们的学校吗?最喜欢学校哪里呢? 孩子畅所欲言(引导说出喜欢的地方和原因)。 环节二:认识学校,了解"研行课程" 1.同学们,咱们的学校名字叫作锦绣小学。锦绣,所有原料来自大自然的馈赠:是成长于沃土的棉,是食桑吐丝的蚕,正是由于对自然馈赠的珍惜,才换来了锦绣的华美;锦绣小学也是你们成长、学习的乐园。 2.这么美的校园,还有独特的文化呢!咱们学校的办学理念是"智慧似锦、行止如绣",意思就是希望各位同学们能在行为习惯和动脑思考上有优秀的表现。那我们该如何做?接下来,就让我们来请来四位小伙伴,咱们认识一下吧! 3."锦小鹿" (1)他的名字叫锦小鹿。他代表的是尊敬。 (2)提出"敬"要求:敬师长 敬同伴 敬学识 敬付出 见面行礼问好,入室门要轻敲,崇敬书和知识,感恩关怀照。 4."锦小蝶" (1)他的名字叫锦小蝶。他代表的是安静。 (2)提出"静"要求:有序入校 走廊漫步 入班即读 外出轻声 入校门快安静,走廊楼梯靠右行,入教室就读书,公共场所声要轻。 5."锦小喵" (1)他的名字叫锦小喵。他代表的是干净。 (2)提出"净"要求:衣貌净 座位净 语言净 校园净 衣貌贵洁,心灵贵净,语言文明,校园干净。

	6."锦小虎"
	(1)他的名字叫锦小虎。他代表的是竞争。
	(2)提出"竞"要求:比习惯 比友善 比文明 比苦练
	比比好习惯,比比爱与善,比比讲文明,比比勤和练。
	7.总结:静思启智 怀敬生慧 净心知止 以竞励行
	环节三:展望小学生活
	1.四位学校代言人已经向各位同学发出邀请:请你和我们一起做"研行"好少年吧!
	2.请你说说自己新学期的愿望。
	比如:交到几个好朋友、学到什么、读什么书、学会踢足球等

课程名称	第七课时:《校园植物我知道》	适应板块	身心适应
活动主题	校园微旅行	设计教师	石珊珊
学情分析	走出教室,一方面让同学们初步适应校园的环境,另一方面,引导学生们观察、记录和认识校园植物的特征、名称、生长地点,了解植物的生存需要,感受"植物是有生命的"并强化共识,引发学生探究植物的兴趣,为一年级第一单元课程做铺垫。同时,进一步增强爱护植物、不伤害植物的意识		
活动目标	1.通过实地观察,认识校园常见植物的名称及其特征。 2.在教师指导下,能从对植物的观察中提出感兴趣的问题。 3.学会在科学探究活动中主动与他人合作,积极参与交流和讨论,尊重他人。 4.产生认识植物的兴趣,养成珍爱生命、爱护植物的意识		
活动准备	教师:多媒体课件;教师课前需要先对校园里的植物进行观察,弄清校园里植物的名称及生活习性。 学生:放大镜、铅笔、橡皮、学生活动手册		
活动过程	一、聚焦:激发兴趣、揭示课题(预设5分钟) [材料准备:课件,校园中植物的照片] 1.出示校园中一种常见的植物(之前课堂观察过的一种植物)。 提问:同学们,你们见过这种植物吗? 它叫什么? 在校园的哪里见过?(预设:学生认识了这个植物,并且可以说出大概的生活地点) 2.多角度图片展示,包括树冠、茎、叶等结构。 提问:这个植物是什么样子的呢?(预设:植物的树冠怎么样、叶怎么样、茎怎么样等。) 3.通过学生描述,初步形成班级记录表,从而启发学生在之后的活动中应该观察什么,怎么描述。 4.讲述:校园中除了这种植物外,还有很多不同的植物,大家想去校园中观察一下吗? 揭示课题:校园里的植物(板书)。 二、探索:观察校园里的植物(预设25分钟) [材料准备:放大镜、铅笔、橡皮、学生活动手册、教师手机(拍照)] 1.外出观察活动前讨论(预设5分钟) 外出活动的工具 提问:为了到校园中认识了解更多的不同的植物,出去前,我们要做些准备,我们需要带哪些工具帮助我们观察记录呢?(预设:放大镜、铅笔、橡皮活动手册。)		

活 动 过 程	外出活动的方法 提问:那出去后,如何对一株植物进行观察呢? 我们有哪些观察方法?(预设:用眼睛看、用耳朵听、用手摸、用鼻子闻、借助放大镜观察。) 外出活动的注意 提问:走出教室,除了要认真观察植物之外,我们还要注意其他什么问题吗?(预设:教师引导:①小组活动,不乱跑;②注意安全,防受伤;③举手示意,提问题;④爱护植物,不乱拔;⑤活动手册,要记好;⑥听到铃声,快集合。) 提问:用什么方法记录呢?(预设:画简图,要求及时记录,实事求是,注意统计。) 2.外出观察活动(预设20分钟) 教师指导,集体观察。 教师带学生到事先确定好的一株植物前,组织学生进行集体观察。 提问:我们现在确定观察这株植物,请你们说说看,我们怎么进行观察,观察什么,它长在哪里,如何去记录?(预设:教师引导介绍:先远远地看,描述整株植物的轮廓,简单地画下来。再走近一看,观察其他你能观察到的地方,并做好画图记录) 分组活动,教师巡视。 学生以小组为单位,在安全区域内自主选择植物进行观察,尽量不同小组间观察不同的植物,从而发现校园植物具有多样性。同时教师巡视指导,解答个别学生的提问,并拍摄各组观察的植物的照片,以备研讨时辅助交流。 三、研讨:交流我们观察的植物(预设8分钟) [材料准备:照片、学生活动手册] 1.观察活动结束后,教师组织学生有序回到教室,并组织进行交流。 提问:你们观察到了什么植物? 长在校园中的哪个地方? 这个植物有什么特征? 我们可以这样来汇报:我观察的植物叫……,它生活在……,它的特征是…… (预设:学生上台展示自己画下来的植物,介绍植物的名称并描述相关植物的特点及生存环境;同时教师展示之前拍下的植物图片,以辅助学生交流) 2.小结:校园中不同的地点长着不同的植物,它们有着各自的特点和名称,植物是有生命的,我们要爱护植物。 四、拓展:观察活动中的新发现(预设2分钟) [材料准备:课件] 提问:在观察和记录过程中,同学们有什么新的发现吗? 有什么新的问题吗?(预设:很多植物不知道名字,怎么办?) 小结:如果在课后有兴趣的小朋友在确保安全的情况下,还可以继续观察,有问题可以及时找老师解决,保持这一份探索的兴趣,你会有更多收获!

"合作我能行"教学设计

课程名称	第一课时《极速接力》	适应板块	身心适应
活动主题	合作我能行	设计教师	赵若琰
学情分析	抓住低年级学生活泼好动,喜欢做游戏的心理特点,以游戏为载体,通过不断升级难度来培养学生的团队意识和合作意识。充分让学生参与到互动中来,把课堂还给学生,以学生为主导		
活动目标	1.通过小组分工完成任务,体会合作的重要。2.通过游戏使学生之间感情升温		
活动准备	师:5本书、一个乒乓球、秒表 生:卡纸、画笔		
活动过程	一、谈话导入、激发兴趣 1.师:同学们,你们喜欢做游戏吗? 生:喜欢! 师:那我们今天就来玩一个小游戏——极速接力 2.师:听名字猜一猜游戏规则,生猜测(预设:接力跑步?) 3.师:接下来请同学们听清游戏规则,只有听清规则才能更好地为自己小组夺分哦! 师介绍游戏规则:5人为一小组,站成一横排,一人拿一本书卷成筒状朝下倾斜,依次叠压在前面同学的书下面,老师拿一乒乓球放在首位同学的书上,往下滑落,首位同学看球滑落后,迅速走到最后一位同学旁边,把自己的书成筒状叠压在同学书下。后面同学重复以上动作,比一比哪一组坚持不让球落地的时间最长。 二、学生实践、收获感悟 1.把学生以5人为单位分组。 2.组织学生给自己的小队起名字,并用卡纸制作小组名牌。 3.每次一组上台,游戏开始时,老师负责计时,并在黑板上书写每组坚持的时间。 4.结束时,老师根据计时选出胜利的小组。 5.老师给冠军小组颁发"竞"卡片。 三、研讨交流、总结收获 1.师:小朋友,游戏做完了,你有没有什么收获呢?小组成员之间讨论一下,稍后派代表上台发言。 2.小组讨论交流。 3.小组代表轮流上台发言,教师引导学生意识到合作的重要性。 4.师总结:团队合作时,要齐心协力朝着目标前进,成员之间不抱怨,不推诿,积极寻找合作方式才能取得下一次的胜利		
课程名称	第二课时《趣话童年》	适应板块	社会适应
活动主题	合作我能行	设计教师	鲁梦梦
学情分析	一年级学生刚入学,学生之间还不太熟悉,他们渴望和同学交朋友,渴望获得赞美和表扬,经过幼儿园的生活学习,他们能用语言表达分享自己的所见所闻。那我们就给学生提供分享的机会,在分享假期趣事的活动中,给学生展示的机会,同时也能拉近学生之间的关系		
活动目标	1.通过分享假期趣事的活动,学生能倾听同学分享。 2.通过展示假期的收获,拉近学生之间的关系,学生初步具有安排假期生活的意识		
活动准备	教学PPT 学生提前准备分享照片或PPT		

续表

活动过程	一、图片导入 每个人都有自己的童年,且每人的童年各异,经历不同,却有类似的童趣。我们现在正经历着属于我们的童年,上小学之前的几个假期里大家都经历过哪些趣事呢? 老师这里有几幅图片,上面画了别的小朋友玩过的一些有趣的游戏,一起来看一看有没有你玩过的吧?(展示图片) 二、童年趣闻我分享 师:同学们,想必你们的假期生活过得充实快乐吧! 快来和小伙伴们分享一下你们丰富多彩的假期生活吧! 有旅游经历和其他游玩经历的学生轮流上台展示提前做好的假期生活相关的PPT。 教师组织学生认真倾听并组织学生互动交流。 三、假期收获我展示 师:感谢刚刚几位同学的分享,大家给他们鼓鼓掌。 师:同学们,你们的假期生活真有趣呀! 相信你们也在假期中学到了不少特长,有了许多收获! 快来向小伙伴们展示一下吧! 请大家在四人小组内交流。 1.轮流说。一人说,其他3人听。 2.交流完坐直示意老师,比一比哪组的习惯最好。 假期没有旅游经历的同学可以分享自己假期里读的书,展示学会的特长,例如绘画作品、歌唱、舞蹈等。 学生交流分享,师巡视指导倾听。 四、假期生活我规划 刚才老师听了大家说的,有人利用假期学会了一项生存本领,会游泳了;有人学会了一项才艺;有人阅读了一本有趣的书……那下一个假期你准备怎么度过呢? 说一说你的想法。 五、课后总结 通过这节课的分享,相信同学们对自己的新同学都有了更进一步的了解,希望在新的学期大家能互相帮忙,成为好朋友,可以度过愉快的小学生活,也希望同学们都能做时间的小主人,合理地规划自己的假期生活,每个假期都能有新收获

"我爱红领巾"教学设计

课程名称	第一课时《我是中国人》	适应板块	社会适应
活动主题	我爱红领巾	设计教师	陆时羽
学情分析	学生从幼儿园到小学阶段,角色发生了变化,学习环境、学习氛围、学习内容、学习要求、学习目的都有了很大的变化。学生对自己的角色需要有一个新的认识,对新环境也要有一个适应过程。本部分内容是学生从幼儿园升入小学后学习的第一部分,编排入学教育这部分内容就是为了帮助学生尽快完成角色转换,适应新的学习环境。入学教育从学生的角度出发,以学生的口吻"我上学了"引领学生走进学校,开始新的学习生活,凸显了学生的主体地位。内容分为"我是中国人""我是小学生""我爱学语文"三部分。这三部分有着较强的逻辑关系:从"我是中国人"的身份认同,到"我是小学生"的角色认同,再到"我爱学语文"中对语文学习的期待,将情感熏陶、习惯养成与语言学习进行了有机结合		

活动目标	1.通过听读句子,知道我们的祖国是中国,感受作为中国人的自豪。 2.通过观察图画,初步了解我国是一个多民族的国家
活动准备	课件PPT视频图片
活 动 过 程	环节一:创设情境 导入主题 1.播放开学的视频 (1)视频里播放的是什么? 预设:小朋友们上学了。 (2)谈话:今天,在座的每一位小朋友也是这样背着书包高高兴兴地来上学的。上学的路上,爸爸妈妈对你说了什么? 预设:爸爸妈妈告诉我,小学能学好多知识,还能交到很多朋友。 (3)引导:今天你们作为一年级的新生来到了这所学校,你们现在是一名光荣的小学生啦! 祝贺你们! 在这里,你们将会度过六年的快乐时光,你们要学好知识,将来为祖国做贡献,为人类造福。 2.导入课题 (1)谈话:你们知道我们的祖国叫什么吗? (2)欣赏歌曲:课件播放歌曲《大中国》。 (3)提问:歌里唱的是什么? 预设:我们都是中国人。我们有共同的家。 课件出示 我们都有一个家,名字叫中国。兄弟姐妹都很多,景色也不错。 (4)小结:中国是我们的家。我们是中国人。(板书课题:我是中国人) 【设计意图】联系生活,帮助学生回忆父母的嘱托,借助学生熟悉的歌曲勾起爱国情感,调动学生的学习兴趣。 环节二:观察图片,了解多民族 1.观察插图,感受我国民族众多。 (1)提问:歌词里说"兄弟姐妹都很多"是什么意思呢? (2)课件出示课本插图,指导观察图画。 ①引导:你看到什么了? 预设:有很多小朋友。小朋友们穿的衣服都不一样。 ②教师解说:这些小朋友和你们一样背着书包来上学了。 ③说一说:有多少个小朋友来上学? 指名数。 ④全部学生一起数。 课件出示 一共有(56)个小朋友。 ⑤提问:为什么这些小朋友都穿着不一样的衣服? 预设:因为他们是不同民族的。 ⑥教师讲解:图中的每一个小朋友的服饰都不一样,是因为他们代表着不同的民族。 56个小朋友就代表着56个民族

活动过程	2.认识各个民族。 (1)了解汉族。 ①引导:你是哪个民族的? ②说话练习:我是汉族人,我是中国人。 ③讲解:汉族是世界上人口最多的民族。我们汉族有很多传统节日,比如端午节、清明节等。 (2)了解其他民族。 从图上小朋友的衣着中,你还知道图上哪个小朋友是哪个民族的? (指名交流) (3)教师介绍少数民族。(课件出示课本插图,图片旁注明民族的名称) ①教师按照从左到右的顺序介绍各个少数民族。 ②学生质疑,教师解答。 ③讲少数民族的传说:火把节的来历、傣族泼水节的寓意、蒙古族的赛马等。 【设计意图】本教学环节充分借助教材中的插图,通过数数、观察服饰、联系生活等方式,引导学生了解中国是一个多民族的国家,了解自己民族的特点和习俗。 环节三:直奔主题,升华感情 1.观察图画。 (1)教师引导:这么多民族聚集在一起,幸福地生活在祖国妈妈的怀抱里。10月1日国庆节的时候,各个民族的小朋友都来到北京,给祖国母亲庆祝生日。你瞧,他们来到了哪儿? 你看到了什么? (2)引导观察画面背景。 ①认识天安门。 引导看图:天安门是什么样的?(指名交流)你登过天安门城楼吗? 教师引导:天安门城楼上写着两行字——"中华人民共和国万岁""世界人民大团结万岁"。"中华人民共和国"是我们的祖国,简称为"中国"。 ②认识五星红旗。 引导:五星红旗是我们的国旗。五星红旗是什么样的? 你在哪些地方见过五星红旗? ③播放天安门前国庆阅兵仪式的片段,展示各民族欢聚的场面。 2.感受自豪之情。 (1)想象:如果你就是参加这次国庆活动的一名小朋友,你会说什么? 一起说:我是中国人。 (2)引导:天安门是我们祖国的象征,是我们国家的代表性建筑。你还知道我们国家哪些有名的建筑?(课件出示:故宫、万里长城……) (3)教师解说:我们的祖国幅员辽阔,人们团结、安居乐业。生活在这样的国家里,人们感到很幸福。你感到自豪吗? (4)齐读课题:我是中国人。 3.诵读儿歌。(教师带读——学生齐读) 课件出示 <div align="center">从小爱祖国</div>鸟儿爱蓝天,鱼儿爱江河。马儿爱草原,蜜蜂爱花朵。我们小学生,从小爱祖国。

续表

	【设计意图】运用课本插图,引导学生观察背景,播放国庆阅兵视频,用直观形象的方式激起学生心底的爱国情感,加深学生对"中国"的感性认识,激发学生的民族自豪感。 板书设计 我是中国人　56个民族 　　　　　　我是中国人!

课程名称	第二课时《榜样的力量》	适应板块	社会适应
活动主题	我爱红领巾	设计教师	王燕飞
学情分析	指南中指出,社会适应是幼儿社会学习的主要内容,也是其社会性发展的基本途径。因为一年级的学生刚入学,对红领巾和少先队的概念很陌生,而且红领巾和少先队这个名词也比较抽象,那我们就借助孩子最能接受的形式,让他们简单地认识红领巾,首先让他们去观察和高年级学生的区别,因为他们都佩戴着红领巾,然后通过高年级学生分享王二小的故事,让一年级学生对红领巾产生向往。高年级同学就少先队精神以及日常表现,鼓励一年级同学,让一年级同学心中尊敬红领巾,热爱祖国,尊敬师长,团结同学,孝敬父母		
活动目标	1.帮助孩子初步了解少先队和红领巾,感受少先队的威严,唤起热爱祖国、团结同学的激情。 2.加深对丰富多彩的小学生活的向往,树立我也要做优秀的小学生,争取加入少先队的愿望。		
活动准备	课件PPT视频图片、红领巾		
活动过程	谈话导入:同学们、今天我们来说一说,这两天你对新学校的了解,说说自己关于新学校最喜欢哪片风景。有没有发现,我们学校的高年级哥哥姐姐和我们有什么不同呀? 环节一: 孩子们各抒己见。经过一番讨论,畅所欲言。(描述内容:你看到了什么? 都有哪些不同?) 环节二: 在和孩子的交流中,老师帮助孩子明确一年级同学和高年级哥哥姐姐的区别,高年级哥哥姐姐穿校服,佩戴戴红领巾,见到老师会问好。进一步了解红领巾。 环节三: 让高年级同学讲述关于小英雄的故事"王二小、小英雄雨来"等。 环节四: 高年级同学就少先队精神以及日常表现,鼓励一年级同学,让一年级同学心中尊敬红领巾,热爱祖国,尊敬师长,团结同学,孝敬父母。 环节五: 一年级同学谈谈以上学到的听到的感受,各抒己见。明晓自己以后努力的方向。(3~5名同学回答即可) 环节六:教师总结。 【设计意图:本次活动不仅帮助了孩子初步了解少先队和红领巾,感受少先队的威严,唤起热爱祖国、团结同学的激情。】		

（四）校本课程《小触角研学课程》教学案例

课时	课时专题	学习内容	评价要点
1	引导质疑 组建小组	1.视频或资料导入，激发质疑。 2.根据问题，组建小组。 3.团队讨论，制定计划	1.学生提出的问题，具有可研究性。 2.组长具有一定的领导、组织能力，能有目的地招募组员，应聘者能展示个人特点和对问题的初步思考。
2	完善计划 展示修正	1.展示计划，共同点评 2.家长介入，针对指导，完善计划 3.开展实施	1.科学思维、逻辑能力，应变能力和清晰的表达。 2.能够根据研究问题发现计划中的不足并提出建议； 3.计划能够围绕主题制定，方法得当，分工明确，任务清晰，时间、地点具体，有研究成果和展示形式的预设
3	研学实践 形成成果	1.基地实践：根据研学计划，科普馆或博物馆实地参观。 2.寻求答案：根据问题，找答案，印证知识，带着成果意识，认真记录（文字、图片、绘画、视频等多种方式）。 3.多向思维。科普馆里，找不到的答案，再想其他途径： （1）不过多干涉或限制孩子们思维； （2）让孩子自己意识到，不是所有问题，都有标准答案； （3）问题解决，并非一种方法，激发求知主动性。 4.研学成果：根据研学计划，形成研学成果	1.时间观念、纪律意识、小组长的组织能力与家长志愿者的沟通配合能力。 2.小组长：发挥组织能力和领导能力。 组员：遵守团队规则，有组织有纪律进行调查探究；整个团队的责任意识，结果意识。 3.每个小组成员研究计划实施的计划性和灵活性
4	成果展示 点评颁奖	1.展示场地：多功能报告厅、附近社区、幼儿园或伊河路小学其他校区。 2.展示形式：讲解、路演、小品、舞台剧、音乐剧…… 3.点评颁奖家长代表，点评；校长、老师颁奖，总结。 4.家长参与：所有孩子家长可到现场围观	1.能够根据活动计划筹备物资、合理分工，了解如何准备活动。根据不同地点、形式的选择，控制活动现场。 2.能够勇敢自信地展示研学成果，与小组成员及其他相关人员沟通合作完成展示活动

案例分析：

小触角研学课程以"研"为核心，学研并重、研以为学，是一种特殊的体验式教育，通过时空变化、浸入式体验，让青少年得到课堂上无法获得的学习,对青少年的心智施加影响,令其发展更完美。

研究性:"小触角"校本课程重视学生的自主探究,通过主题研究,给予学生研究、探索的平台,引领学生研究生活中感兴趣的问题,在研究实践中培养学生科学研究的兴趣与能力。

实践性:"小触角"校本课程重视学生的真实实践,引导学生走出校园,通过实地考察、学习等经历研究过程,给予真实体验,在实践中沉淀方法与能力,态度与情感,从而将知识与能力转化为素养。

合作性:"小触角"校本课程强调学生的合作能力,团队配合是任何一项工作、研究、活动成功有效的主要因素,本课程从自由组队——制定计划——合作研究——共同展示四个方面促进合作能力的形成。

全面性:"小触角"校本课程致力于学生的全面成长,在研究过程中,实践过程中,不仅形成团队意识、科学思维、研究方法,而且对生活中的问题、现状有自己的认识与理解,激发情感态度价值观的形成,同时在研学过程中全面发展自我管理、交往能力、语言表达能力。

(五)语研课程"小话剧——感知南北方饮食差异"教学案例

"小话剧——感知南北方饮食差异"教学案例

郑州市中原区锦绣小学 李玥瑶

在指导四一班的孩子们进行科研——既好吃又营养的主题研究活动时,有这样一个小组让人印象深刻。这个小组有十个孩子,他们选择感兴趣的研究主题是"南北方的饮食差异",在讨论制定研究方案时,孩子们很开心地对我说:"老师,这个主题对我们来说太容易了,我们组恰巧就有一个南方的同学,还有一个北方的同学。"我也微笑着答道:"是吗?那你们可要好好利用本组的宝贵资源,让大家通过你们的研究成果汇报能有所收获。"

不久后迎来了我们第一次研究成果小展示,我对这个既有北方人、又有南方人,研究主题还是南北方饮食差异的小组期待满满。汇报下来,期望落空。他们全程由组长汇报念着每个组员课下搜集到的资料,从地理位置、环境因素再到文化因素,内容很全面,但过程枯燥,很多孩子听了两句就不再听了。我不禁开始思考,这个小组应该利用哪种形式来展现本小组的特点呢？在各小组听取了其他同学的第一次汇报后,我让大家各小组讨论,完善自己的汇报形式以及内容。我蹲在研究南北方饮食差异这一小组,他们初步打算换成PPT汇报,可是还是未能展现本组的特点。突然一个孩子说了句"干哈？"引得旁边的孩子笑着说："这怎么家乡话都说出来了？""咦？对呀！他们可以用不同地区的语言来展现南北方饮食文化,不如排一个小话剧。"我把我突如其来的想法和孩子们交流,他们很开心,觉得自己的形式肯定是最独特的。在孩子们的讨论中,小话剧剧本的雏形就有了轮廓:在一栋公寓楼里住着几个来自南北方不同地区的邻居,有一天他们相约一起去饭店吃饭,从点菜到上菜再到品菜,整个过程中从他们相互间聊天,就把南北方饮食差异的原因介绍给了大家,其中还穿插着不同地区的特色方言。孩子们越说越开心,我也对下一次的展示充满信心。

在第二次的展示课上,孩子们演得绘声绘色,台下的同学们也看得十分入迷。组员们演完后自己发现还存在一些小小的缺点。例如,故事轮廓不太清晰,解决办法:加入了旁白。话剧篇幅有些短,解决办法:最后全组成员说一段自编的南北方饮食差异小快板。看着孩子们能够如此开心地去探索研究问题,并不断完善自己的研究成果,心里暖暖的。

(六)科研行课程"有营养的早餐"教学案例

"有营养的早餐"教学案例

授课班级:四(4)班　授课教师:王佳琪

情境一:面对不知道该如何选择合适的研究问题,教师适时给予引导

老师:关于早餐,大家有什么想知道的问题吗？

学生:早餐都吃什么？

老师:这个问题有点太广,你具体想知道什么人早上吃什么呢？

学生:我想知道河南人早上吃什么？

老师:你能想到的答案有什么呢？

学生:油条、胡辣汤、包子等。

老师:其他同学有没有什么其他想法?

学生:我老家是信阳的,我们早上有时吃热干面。

老师:诶,有意思,同样是河南,不同地区早上人们吃的确实不太一样,这和什么有关系呢?大家想一想。

学生:可能与地理位置有关,信阳挨着湖北武汉,武汉人早上也喜欢吃热干面。

老师:那我们可不可以朝着这个方向去研究呢?

学生:我们可以调查一下中国各地区都习惯吃什么早餐,再探究背后可能是什么原因在影响。

老师:好想法,地理位置、天气气候、作物种植等都可以作为大家研究的方向,那我们就选择"探究中国各地区早餐文化差异"作为我们的一个研究题目好吗?

由于四年级学生年龄较小,且之前并没有接触过研究类学习,所以并不了解什么样的选题适合研究,这时老师就要加以指导,帮助孩子选择真正适合他们研究的,范围比较小的,比较容易有研究成果的研究问题,不仅能帮助孩子提高研究兴趣,还能让孩子在研究过程中有获得感和成就感,为之后的研究性学习打下良好的基础。

情境二:帮助学生找到研究的方向

学生:老师,如何搭配营养早餐那不是很简单吗?只把菜名说出来就可以了啊,还能怎么研究呢?

老师:搭配营养早餐太有研究价值啦,首先,你知道人体需要哪些营养成分吗?

学生:蛋白质、脂肪、糖类、维生素等。

老师:那你知道它们富含在什么食物里吗?

学生:鸡蛋,牛奶等。

老师:所以你就认为早上吃鸡蛋牛奶就是这个问题的答案吗?鸡蛋牛奶到底对人体有什么样的好处呢?该怎样烹调才能最大限度地保证营养

不流失呢？要吃多少呢？成年人和小学生早上要吃的食物种类都一样吗？对蛋白质过敏的人怎么办呢？

学生：原来这些问题都是我们可以研究的。

老师：对，如果你觉得一个问题的答案太简单，不妨深入研究一下背后的原因，或者答案是不是永远都是一样的，是不是要分情况讨论呢？有没有特例呢？我们该如何解决呢？就像大家觉得1+1的答案是2，为什么是2呢？有没有1+1不等于2的情况呢？比如一滴水加一滴水，不是还是一滴水吗？出现这种情况是不是因为单位不一样呢？等等，没有简单的问题，只有不善于思考的人呀。

学生：确实是这样，现在我们想到了好多可以研究的方面，现在就把它们写下来。

关于研究，由于孩子接触的不多，一部分学生认为很难，又有一部分学生认为很简单，这都是不正确的研究态度，所以在学生不清楚接下来的研究方向时，教师应适时给予指导，帮助学生进行头脑风暴，散发思维，关于研究主题都可以进行哪些方面的研究拓展，这样孩子才能有具体的研究方向，之后的研究计划才能落到实处。

第五章 "研行课程"之评价体系

随着国家"双减"政策的颁布与实施,在减负的同时达到增效的目的,评价则成为和学校课程构建、课堂实施等相匹配的极为重要的一环。核心素养的实质是学生应具备的能够适应终身发展和社会发展需要的必备品格和关键能力。如何落实核心素养,使学生在原有的基础上得到不同程度的提升是锦绣小学课程建设的重点内容。评价主体单一、评价方式分散、评价目标分化等等既难以激发学生的参与热情,对课程实施、学校文化创建的作用更是杯水车薪。所以融合多元评价,建立体系化的评价方式,有利于将学生的核心素养真正落到实处。

第一节 "研行课程"评价 立足核心素养

一、学生发展核心素养的内涵

学生发展核心素养,主要指学生应具备的,能够适应终身发展和社会发展需要的必备品格和关键能力。中国学生发展核心素养以培养"全面发展的人"为核心,分为文化基础、自主发展、社会参与三个方面,综合表现为人文底蕴、科学精神、学会学习、健康生活、责任担当、实践创新等六大素养。

(一)文化基础

文化是人存在的根和魂。文化基础,重在强调能习得人文、科学等各领域的知识和技能,掌握和运用人类优秀智慧成果,涵养内在精神,追求真善美的统一,发展成为有宽厚文化基础、有更高精神追求的人。

人文底蕴。主要是学生在学习、理解、运用人文领域知识和技能等方面所形成的基本能力、情感态度和价值取向。具体包括人文积淀、人文情怀和审美情趣等基本要点。

科学精神。主要是学生在学习、理解、运用科学知识和技能等方面所形成的价值标准、思维方式和行为表现。具体包括理性思维、批判质疑、勇于探究等基本要点。

(二)自主发展

自主性是人作为主体的根本属性。自主发展,重在强调能有效管理自己的学习和生活,认识和发现自我价值,发掘自身潜力,有效应对复杂多变的环境,成就出彩人生,发展成为有明确人生方向、有生活品质的人。

学会学习。主要是学生在学习意识形成、学习方式方法选择、学习进程评估调控等方面的综合表现。具体包括乐学善学、勤于反思、信息意识等基本要点。

健康生活。主要是学生在认识自我、发展身心、规划人生等方面的综合表现。具体包括珍爱生命、健全人格、自我管理等基本要点。

(三)社会参与

社会性是人的本质属性。社会参与,重在强调能处理好自我与社会的关系,养成现代公民所必须遵守和履行的道德准则和行为规范,增强社会责任感,提升创新精神和实践能力,促进个人价值实现,推动社会发展进步,发展成为有理想信念、敢于担当的人。

责任担当。主要是学生在处理与社会、国家、国际等关系方面所形成的情感态度、价值取向和行为方式。具体包括社会责任、国家认同、国际理解等基本要点。

实践创新。主要是学生在日常活动、问题解决、适应挑战等方面所形成的实践能力、创新意识和行为表现。具体包括劳动意识、问题解决、技术应用等基本要点。

二、学生发展核心素养与课程评价的关联

(一)学生发展核心素养与课程评价

发展学生的核心素养和课程评价是课程实施的两个重要的环节,相辅相成,评价有利于促进与保证学生的发展。2022版新课标强调"教""学""评"一体化,以培养学生学科核心素养位目标,科学选择评价方式,合理使用评价工具,妥善运用评价语言。课程内容是核心素养的实现途径,评价则是检验核心素养培养效果的手段,重视"教""学""评"一体化,才能够真正地起到激励学生和促进学生全面发展的作用。

(二)课程评价体系建立

传统的课堂教学评价以评价教师为主。新课程标准实施以后,课堂教学的最大特点是以学生的发展为中心,因此也就必须构建新的基于"以学论教"的教学评价体系,以学生所表现的状态为参数系统地评价课堂教学质量。

1.注重学生的全面发展

要注重学生的主体地位、学习状态和情感体验,遵循以学生发展为本的原则。在教学过程中要注重学生的全面发展,尊重学生的人格和个性,鼓励探索和发现,培养学生的创新能力和实践能力。

2.注重"评教"与"评学"相结合

"评教"主要在于提高教师的教学质量,"评学"则考察和评价学生的学

习状态和学习效果。课堂教学评价要结合"评教"与"评学"，以"评学"为重点，极力促进教师教学观念的转变。

3.注重考察新课程的课堂特征

新的课堂教学有多种形式，如动手实践、探索、讨论、合作等等。课堂教学评价既要着眼于全过程，又要关注突出体现新课程教学理念中不可缺少的基本特征，以利于有针对性的分析和引导。

4.注重评价的激励与发展功能

课堂教学评价应注意被评教师的心理需要和心理感受，需要保护教师的自尊和改进教学的积极性，多思考如何给予被评教师相应的建议和帮助，促进教师的不断提高。

(三)评价维度与角度多元化

一是线上教学的多元化评价方式。借助腾讯会议、班级优化大师、QQ群等软件调动孩子们在线上课堂参与的积极性，增加课堂趣味的同时提高教学效率。采用第三方工具对学生的作业、过程性学习进行评价，促进学生在学习中全面发展。

二是线下教学的多元化评价方式。

第二节 "研行课程" 创新特色评价

一、表现性评价

为了更好地促进学生学习品质的发展，教师们从传统的纸笔测试，转变为采用更加开放、多元、多维的表现性任务的评价。每年寒暑假开展的各年级的挑战性学习任务，就是培养学生学习品质、彰显个性魅力的舞台。

表现性评价是指"教师让学生在真实或模拟的生活环境中，运用先前获得的知识解决某个新问题或创造某种东西，以考查学生知识与技能的掌握程度,以及实践、问题解决、交流合作和批判性思考等多种复杂能力的发展状况。"

锦绣小学遵循中原区教育局的步伐,一二年级采用表现性评价进行学业测评。下面结合素材进行展示:

小兵团大冒险表现性评价方案

一年级语文

评价项目	评价目标	评价内容	评价标准	评价实施
经纬交错的"字"与"数"小朋友们,这学期你认识了哪些字?又会算了哪些数呢?神奇的"字"与"数"今天在这里相遇了,他们会碰撞出什么火花呢?一起来跟别的小组比一比吧,答得又快又准的还有机会当一次小老师呢!快快来吧!	1.喜欢学习汉字,有主动识字、写字的愿望。2.认识常用的汉字1600个左右,其中800个左右会写。3.掌握汉字的基本笔画和常用的偏旁部首,能按笔顺规则用硬笔写字,注意间架结构。4.能够对学过的字组词。5.学习独立识字,运用一定的识字方法。教材依据:识字表和写字表	以本册书中的二类字为基础,评价认读、基本部首、笔画、结构、识字方法等内容	语文:共8分 A类:6-8分 1.快速认读40个生字,发音准确。 2.快速说出5个字的识字方法、结构、部首、识字方法。 B类:4-5.5分 1.认读25-29个生字,发音较准确,有一定的速度。 2.知道说出5个字的识字方法、结构、部首、识字方法。 C类:2-3.5分 1.能够认读20-25个生字,速度较慢。 2.基本能够说出5个字的识字方法、结构、部首、识字方法,1处错。 A+:抽取生字卡片,教周围的小朋友们	1.选取一个小组和自己小组进行"竞"赛,回答得又快又准的小组可以每人多加0.5分。 2.小组的每个成员依次抽取题目,首先正确读出抽到的40个字,做到准确流利。读完之后回答抽到的问题,做到准确通畅。同时不会的孩子小组成员可以教教他。 3.A+环节:向幼儿园的弟弟妹妹讲一讲记住生字的方法,生字的偏旁、结构等。要求语言流利通顺,有一定的条理,仪态自然大方

"研行穿越"表现性评价方案

二年级数学

评价项目	评价目标	评价内容	评价标准	评价实施
环保"净"体验	课标依据、教材依据 1.结合实例,感受平移、旋转、轴对称现象; 2.能辨认简单图形平移后的图形	用给出的图形与小组同学一起在展示板上创作出自己小组的环保图标	数学(共10分) A: 在规定的时间内创作出自己小组的环保图标(5分) 并能说出里面存在的平移和旋转的现象(5分)。 B: 没有在规定的时间内创作出自己小组的环保图标。(3分) 能说出里面存在的平移和旋转现象(5分)。 C: 没有在规定的时间内创作出自己小组的环保图标。(3分) 不能说出里面存在的平移和旋转现象(2分)	1.四人小组一起阅读展板明确任务。 2.听语音了解任务要求。(分工及时间)。学生听完教师再次询问学生,确保学生明白挑战要求。 3.学生在音乐的伴随中完成创作,教师进行观察。 4.学生说图标里存在的平移和旋转现象。教师根据观察和听的结果打分

二、终结性评价

1.把握命题,促纸笔测试有效实施

2020年,中共中央、国务院印发《深化新时代教育评价改革总体方案》,要求深化考试招生制度改革,改变相对固化的试题形式,增强试题开放性,减少死记硬背和"机械刷题"现象。因此,提高教师命题能力成为落实"双减"的重要内容。在中原区教育局的引领下,三至五年级学业水平测试(纸笔测试)命题呈现与学生生活关联越来越密切,更注重在大情境、大问题、大任务下发展学生的创新能力和应用意识等趋势。

为更好地发挥纸笔测试的功能,促进新课程新理念意义下的纸笔测试从功能、内容、方式、结果的处理上向"立足过程,促进发展"的方向转变,我校在各个学科进行水平性评价的过程中以双向细目表为抓手,具体从以下几个方面促进纸笔测试的有效实施。

（1）参照《课程标准》，命题努力融合"三维"目标

好的测试题考查的内容不仅仅是知识与技能，更应该融合过程与方法、情感、态度与价值观。2011年版课示指出：对基础知识和基本技能的学习结果的评价，应该准确把握"了解、理解、掌握、应用"不同层次的要求；对过程与方法的评价主要是关注学生的学习过程，比如计算的算理、公式的推导过程、数学思想和数学方法的运用等等；对情感、态度与价值观的评价，注重考查和记录学生在不同方面的表现，了解学生情感态度的状况及变化，是数学学习目标的重要方面。所以教师在编制试题时要以课标为参照，摆脱以单一知识为核心的评价方式，探索能融"三维"教学目标于纸笔测验的学业评价方式，努力将知识与技能、过程与方法、情感、态度与价值观这三个领域的内容有机交织融合在一起，更好地体现各个学科以培养学生核心素养为宗旨的教学目标和任务。

（2）设计真实情境，情境载体要多样化

情境是沟通数学与现实世界的桥梁。情境在测试中的重要性已经日益凸显，数学学习要求学生能够在纷繁复杂的情境中快速锁定任务或者问题，能化繁为简、检索学过的知识并用已知知识解决新问题。情境设计除了要贴近学生生活、符合其认知水平之外，载体要活泼多样，如图文、图表、数据单等表格信息类载体，阅读、新闻、对话等文字信息类载体，一般都是具有实际背景的呈现载体。载体的丰富性可能提升了学生获取相应信息的难度，但是也增加了数学思维的含量，是提升学生获取信息能力、抽象能力、建模能力的重要途径。

（3）设计开放性命题和评分方法，关注各个层次学生的发展

学生的个体发展存在着一定的差异，认知水平也不是整齐划一的，这主要是由于学生学习和生活经验存在着多样性，测试题过难或过易都不能准确检测出学生的真实成绩。为此，命题时在试题的编制上应充分考虑到学生学习的差异和多样性，尽可能体现试题的可选择性，分出层次，设计出难易不同的测试题，让不同层次的学生根据自己的需要进行选择。

（4）按照合理步骤,准确实施纸笔测试过程

实施测验的过程,一般需要做以下四步:明确学习内容和要求,设计评价方案,批改、完成质量分析。具体如图5-1所示:

学习内容和要求→编制评价方案→组织实施→完成质量分析

基于课程标准 明确学习目标 （学段、年级、学期、单元、课时）	明确评价内容 编制双向细目表 编制试题 制定评分标准	学生答卷 教师阅卷	汇总数据 诊断情况 反思教学

图5-1　纸币测试实施测验过程图

总之,好的纸笔测试当以促进学生的学习和终身发展为宗旨,在实施的过程中,教师或者命题者遵循一定的步骤,采取一些必要的策略,能让教学事半功倍。

2.结合局势,积极探索"线上评价"

随着信息技术的发展线上教学成为一种新形式。临近期末,如何进行线上评价,在中原区教育局的引领下,我校积极探寻"线上评价"新方式。

锦绣小学各年级采取师生、生生线上互动评价的方式,开展线上的综合性学习成果展评活动。各年级组积极制定评价方案,包括评价目的、评价内容与标准、评价形式与流程等等,最周全的考虑当属"舆情研判和应对措施",让线上评价安稳、妥善进行。

三、跨学科主题课程评价

（一）过程性评价

跨学科主题课程与国家课程有所不同,它更关注学生个性与兴趣,是一门富有探索性、实践性和综合性的课程。所以校本课程的评价理应更加关注学生学习的过程。

1.注重学生的参与度与体验感

结合不同校本课程的特点,锦绣小学的评价方式也有所不同,但是评价量表都有一个共同的特点:关注学生的参与程度和体验。第一,学生是基于兴趣选择了本节校本课程,那么学生的兴趣是否在课堂中得到展现?第二,学生参与热情是否高涨?第三,团队协作意识和能力是否得到培养和提升?这些都是评价考量的共同因素,如表5-1所示。

表5-1 我校"梦想剧场"的评价量表

评分标准	分数(每项10分,共50分)			
	1	2	3	4
表演完整连贯				
故事创新有细节				
大胆展示				
台词清晰				
与角色相符合(包含服装道具)				

2.注重评价主体多元化

鼓励并尊重学生极富个性的自我表达方式,如演讲、绘画、写作、表演、制作等,并在此基础上引导学生进行自我评价、相互评价。教师、学生、家长、校外指导教师都可以作为评价者,切实增强评价主体间的互动;尊重学生的特有的生活经验和认识成果,采用多把尺子评价学生,提升自我认知能力,使尽可能多的学生获得成功的体验,如表5-2所示。

表5-2 例如针对小组合作的评价表

评价标准	自评	本组评	他组评	老师评
1.在小组合作有所贡献	☆☆☆	☆☆☆	☆☆☆	☆☆☆
2.共享观点、想法	☆☆☆	☆☆☆	☆☆☆	☆☆☆
3.倾听他人观点	☆☆☆	☆☆☆	☆☆☆	☆☆☆
4.问题解决	☆☆☆	☆☆☆	☆☆☆	☆☆☆
5.帮助小组做出公平决策	☆☆☆	☆☆☆	☆☆☆	☆☆☆

3.利用档案袋,引导学生自我反思

怎样引导学生创造性地使用好活动过程档案袋,通过它的使用,培养

学生的自我反思能力呢？具体做法如下：

（1）让学生随意放。

（2）指导教师对学生放入的作品提出一定的要求，如感受最深的一次采访，"我的新发现"，让学生根据老师的要求有选择地放入一些作品，引导学生开始审视自己的作品。

（3）有展示性地放。

（4）成长记录袋中老师设计一些小栏目。如收获园、新发现等，让学生根据小栏目自定目标、自设标准、自选形式、自组内容，逐步培养学生的反思能力和独立性。

（二）展示性评价

校本课程终结性评价是结合过程性评价和最终的展示性评价而定。展示性评价依据每种课程的特点而定，主要表现为结业作品展示。

表5-3和5-4本是校两门主题课程的终结性评价方式和结果。

表5-3　"手脑工厂"校本课评价表

序号	班级	学号	姓名	出勤率10%	随堂作品50%	平时表现30%	结业展示10%	评价结果
1	一年级一班	15036096910	海梦渝	10	50	30	10	优
2	一年级一班	13783630125	范晨阳	10	48	30	9	优
3	一年级一班	13503717150	党紫菡	10	50	30	10	优
4	一年级五班	13526692852	马子淞	10	50	30	10	优
5	一年级五班	18037579762	孙浩轩	10	48	30	9	优
6	一年级五班	13838177704	王田园	10	50	30	10	优
7	一年级五班	13460313215	张浩航	10	48	30	9	优
8	一年级五班	13140180199	李若菡	10	48	30	9	优
9	一年级四班	17603877871	张郑贝一	10	50	30	10	优
10	一年级四班	15670605884	赵艺然	10	50	30	10	优

表5-4 小触角校本课学生评价表

序号	班级	姓名	出勤率10%	小组合作20%	展示成绩评定30%	研究能力检测（40%）	评价结果
1	三年级二班	刘采润	10	18	25	40	优
2	三年级三班	王艺霖	10	20	30	39	优
3	三年级四班	谢昊彤	10	20	30	38	优
4	三年级二班	周睿涵	10	20	29	40	优
5	三年级四班	赵子润	10	17	30	40	优
6	三年级五班	王鸿予	10	20	28	40	优
7	三年级三班	谢雨晨	10	19	30	40	优
8	三年级四班	楚程宇	10	20	30	39	优
9	三年级二班	张乐仪	10	20	30	39	优
10	三年级五班	于潇洋	10	20	28	40	优
11	三年级五班	姚雨泽	10	20	30	38	优

　　落实核心素养,培养全面发展的人,需要的是学校文化的熏陶、课堂结构的有序建构、学生的发展性评价,当学校、教师、学生建立起一致化的评价体系,才能更有助于学生的成长,所以在不断的实践中不断调整,融合多元评价方式,才能让核心素养的落地真正可期,见表5-5。

表5-5 我校教师设计的五年学期数学双向细目表截图

领域	单元	单元内容	记忆20%			理解30%							应用30%		
			辨认	复现	分值	解释	举例	分类	归纳	推理	比较	阐述	分值	执行	实施	分值
数的认识	第二单元	因数与倍数														
		2、5、3的倍数特征				三1							2			
		质数与合数、奇数与偶数		二1	3											
		两数之间的奇偶性										二9	3			
	第四单元	分数的意义		二4	1											
		分数与除法的关系	—		0.5										六5	2
		求一个数是另一个数的		二3	2						二5		4			
		真分数和假分数														
		分数的基本性质		二2	2											
		最大公因数与解决问题									二8		2			
		最小公因数与解决问题				三2					二8		2+2			
		约分与通分	—											四4	六5	3+3
		分数与小数的互化	—	二2,7	1+1+1											
数的运算	第六单元	同分母、异分母分数加减法	—		4											
		分数加减混合运算	—	二4	0.5+1					二7			3	四1,3		6
		分数加减简便运算												四2		3
		解决问题												六2、4		2+2

第六章　研行为本的教师专业发展

第一节　教师专业发展的困境与问题

一、何谓教师发展?

自二十世纪八十年代开始,教师发展在中国乃至世界教育中的地位与作用发生了深刻而又根本的转变,但是关于教师发展的相关领域范围依然界定不清,教师发展的过程也没有得到清晰的界定。

关于教师发展是过程还是结果这一问题,英国学者戴(Day C.)认为:"教师发展是一个过程,在该过程中,作为变革主体的教师独自或与他人一起检视、更新和拓展其对教学之道德目的的承诺;他们藉此在与儿童、年轻人和同事共同度过的每一阶段教学生活中,批判性地获取和发展知识、技能和规划、实践。"[①]荷兰学者冯克(Vonk J.H.C.)则视教师发展为一种结果,他说:"尽管发展一词意味着内在导向的而非外部强加的变化,但是我们还是把专业发展界定为在特定的背景下,以获取履行日常业务所需之系统完

---

① [英]克里斯托夫·戴:《保持激情:成就优秀教师》,《教育研究》2009年第3期。

整的知识、洞见、态度和行为技能为指向的持续经验学习过程的结果。"①综观教师发展领域的文献,视教师发展为一种过程的学者占多数。

教师是发展的主体还是发展的客体? 格拉特霍恩(Glatthorn A.)曾指出,教师发展这一概念既比生涯发展和教职员发展概念宽泛。②生涯发展一般是指伴随教师的职业生涯而发生的成长,教职员发展则是指提供有组织的在职培训以促进教师群体的成长,它只是可以被用作教师发展的系统干预手段之一。伊文斯曾在前面所提到的《何谓教师发展》一文中说得更直接、更明确:"我也把教师发展视为一个主体性、客体性或主客体性兼具的过程。它可以被看作是发自教师的内化过程,或者也可以是一个来自外部的,虽然是面向教师的,但是由外部机构实施的应用过程。就后者而言,它不一定会成功,但是由于我将其解释为一个过程而非结果,所以我还是将不成功或部分成功的努力也划归教师发展,只是这些是失败的、部分失败的,因而有待完成的教师发展过程。"

关于教师发展的要素和维度,研究者们也有不同的观点。但最终的观点无外乎是:教学具有多维性和高度复杂性,因此,教师发展也应该是多维的。虽然绝大部分研究者主张教师发展的多维性,但是由于赋予不同维度以不同的地位和重要性从而形成不同的教师发展观。

综上所述,教师发展是一种过程,它既可以是一种主体性过程,也可以是一种客体性或主客体性兼具的过程;教师发展具有多维性,专业发展与个人发展、社会性发展共同构成教师发展的重要维度,缺一个可。

二、教师专业发展的迫切性和面临的问题

教师发展就是学校发展,教师特色就是学校特色。一个学校最重要的

---

① VONK, JHC.Conceptualizing Novice Teachers'Professional Development: A Base for Supervisory Interventions [EB/OL].(1995-04-18)[2008-05-21].http://eric.ed.gov/ER - ICDCS/data/ericdocs2spl/content_storage_01/00000196/80/14/54/9e.pdf.

② GLATTHORN A.Teacher Development[G]//ANDERSONL.International Encyclo - pedia of Teaching and Teacher Education.2th Edition.London:Pergamon Press,1995.

支撑力量是教师,教师是学校最重要的资源,没有好的教师队伍就办不好一个学校。教师要代表社会的主流价值观,是社会发展最重要的推动力量。一个学校中教师群体的综合素养和水平,决定着这个学校的发展方向。因此,推动本校教师的发展,迫在眉睫。

(一)国家和社会的要求

百年大计,教育为本;教育大计,教师为本。党的十九大报告中明确提出"加强师德师风建设,培养高素质教师队伍,倡导全社会尊师重教"的要求。2018年1月20日,《中共中央国务院关于全面深化新时代教师队伍建设改革的意见》中明确指出:"全面贯彻落实党的十九大精神,以习近平新时代中国特色社会主义思想为指导,紧紧围绕统筹推进'五位一体'总体布局和协调推进'四个全面'战略布局,坚持和加强党的全面领导,坚持以人民为中心的发展思想,牢固树立新发展理念,全面贯彻党的教育方针,坚持社会主义办学方向,落实立德树人根本任务,遵循教育规律和教师成长发展规律,加强师德师风建设,培养高素质教师队伍,倡导全社会尊师重教,形成优秀人才争相从教、教师人人尽展其才、好教师不断涌现的良好局面。"2019年6月23日,《中共中央国务院关于深化教育教学改革全面提高义务教育质量的意见》中指出:"按照'四有好老师'标准,建设高素质专业化教师队伍。"一系列文件的导向,是国家和社会对教师发展的要求和期待。

(二)学校发展的需要

学校存在的重要意义之一就是为了促进学校师生的共同发展。立德树人、培养德智体美劳全面发展的学生是学校的培养目标,促进教师发展是实现这个培养目标的重要保证之一。试想,一所学校如果整体教师素质较低,学校没有优秀的教师,是不可能培养出优秀学生的。学校教育质量的提升,主要依靠教师整体素养的提升。优秀的学校成就出色的老师,出色的老师也能成就优秀的学校。《中共中央国务院关于全面深化新时代教师队伍建设改革的意见》中明确指出:"教师是教育发展的第一资源。"因此,对于学校来讲,教师也是学校发展的第一资源。因而,一个学校要发展,离不开学校教师的发展。

(三)学生发展的需要

学校是一个培养人的地方,立德树人的根本任务要靠学校教师来完成。要想促进学生的发展,为国家培养出德智体美劳全面发展的、合格的社会主义事业接班人,主要靠学校教师。学生的发展需要教师水平的不断提升。

(四)自身发展的需要

教师要想适应新时代教育事业发展的需要,适应本职工作的需要,完成立德树人的根本任务,必须要促进自身持续不断的发展,否则,必将落后于时代,最终会被淘汰出教师这支队伍。除了"国家和社会的要求、学校发展的需要和学生发展的需要"之外,教师发展对教师本人的幸福生活也有着切实的意义。教师发展完全可以转化成教师生活质量的提高和教师生命价值的提升。只有在日常生活中推动了教师的发展,才能逐步持久地体现到教学和学生中。同时,教师发展必然可以给教师带来享受工作的成就感以及继续前行的信心和机会,能使教师拥有更加充实、更加幸福的生活,使教师专业发展获得内在的、永不休止的动力。

教育大计,教师为本。教师发展了,学校的办学目标才可能转化为教师的共同追求,才能内化为教师的自觉行为,才能创造出富有生机的教学行为,进而推动学校的不断发展。

(五)我校教师专业发展面临的问题

不论是国家社会的要求,学校、学生发展的需要,还是教师自身发展的需求都向教师提出了要求。如何促进教师自身的专业发展? 怎样去发展?就成了摆在面前的第一要务。锦绣小学作为新建校,学校的教师偏年轻化,虽然精力充沛满怀热情,但缺乏经验,亟待成长;青年教师有要发展提升的意愿却找不到正确的方向。机缘巧合，我们有幸接触到外国语小学创设的研学课堂，让我们对课程创设有了初步的认识。更幸运的是，我们结识了左璜教授，左教授为我们的专业发展指明了方向——课程创建。

第二节 "研行课程"开发铸就教师专业发展之路

教师的专业发展，是以教师为主体，强调其发展经历是一个由不专业到专业的过程。教师专业发展的最终指向是育人，育人需要知识、技能、情感、审美等多方面基础的支撑。华东师范大学终身教授钟启泉先生也曾经说过：教育改革的核心在于课程改革，课程改革的核心在于课堂改革，课堂改革的核心在于教师的专业发展。因此，我校将依托校本课程改革建设，以期促进教师的专业发展。

校本课程的开发，给锦绣小学的教师提出了极具挑战性的问题。校本课程的开发赋予了学校和教师更大的选择权和决策权，极大地调动教师能动性，让教师有权决定"教什么""怎么教""教到什么程度"，在一定程度上促进了教师的专业化发展。从专业发展角度看，教师的成长离不开教育教学实践，如果抛开学校去谈教师的发展或成长，那就失去了发展的基石和依托。因此教师的发展只能在学校中、在具体的实践中、在对自身实践的不断反思中才能完成。学校既是教师专业生活的场所，又是教师专业成长的地方。校本课程开发是以学校为基地的一种课程开发策略，也必然是教师专业发展的有效途径。在课程改革的探索实践过程中，我们尝试着通过校本课程的开发来引领教师的专业发展。

一、校本课程的开发让教师成为参与者

锦绣小学的校本课程开发赋予教师一部分课程开发的权利，从而使课程开发不仅仅是学科专家和课程专家的专利，而是形成专家与学校、教师共同开发课程的态势，教师也成为课程开发的主体之一。这样，教师不再

仅仅是课程的消费者和被动的实施者,而在某种程度上成为课程的生产者和主动的设计者。因为在校本课程开发模式下,所有与学校相关的人都有权参与课程开发,而作为学校之主要构成部分的教师自然地成为课程开发的主力军。

二、校本课程开发促进教师专业技能的发展

校本课程开发有助于教师的技能发展,具体地说能提高教师的课程能力、研究能力和教学能力。

(一)课程能力

校本课程开发要求教师自己确定课程目标、课程内容,负责课程实施、课程评估,而不仅仅是实施课程,因而必然有助于教师课程能力(包括制定课程目标的能力、确定课程内容的能力、实施课程的能力、评估课程的能力四个方面)的全面提高。一般而言,教师通过对学生需求、学校环境、自身能力等方面的分析来确定课程目标。确定课程内容或者说编制课程是一个创造过程,是教师对课程内容进行选择,并加以组织的过程。课程实施包括教学、学生自学、作业等形式,但最为重要的是教学。通过教学,教师不断地将课程的内容传授给学生,将静止的书面材料转化为具体的教学内容,最终使它们成为学生的经验。由于校本课程是基于学校而开发的,因而没有外来现存的经验可供参考,教师必须自己根据实际情况制定评价方案并实施评价。

(二)研究能力

在课程开发的过程中,我们老师把自己作为研究的对象,研究自己的教学观念,反思自己的教学实践、教学行为以及教学效果,通过自省式反思(写教学后记)、交流式反思(观摩交流、学生反馈等)、学习式反思(通过理论学习或通过与理论对照进行反思)、研究式反思(通过教育教学研究来进行反思)等形式,逐步形成自己对教学现象、教学问题的独立思考和创造

性见解,使自己真正成为教学和教学研究的主人。

(三)教学能力

教师的教学能力,是教师在完成教学任务的过程中,运用教育科学理论及学科知识进行实际教学的本领,它包括教学的基本功、辩证思维能力、实验的设计和操作能力、教学应变能力、学习与总结能力、教育教学研究能力等方面组成。校本课程开发强调以学生为本,因而,教师在进行教学设计时会更多地考虑学生的现实,使教学效果处于最佳状态。

三、校本课程开发促进教师专业知识的发展

在知识领域,校本课程开发不仅使教师改变了对知识本质的看法,而且为教师知识结构的改变提供了可能。

(一)知识本质

英国课程专家斯藤豪斯认为知识不是需要学生接受的现成的东西,而是学生思考的对象,它不能作为必须达到的目标来束缚人,教育是要通过促使人思考知识来解放人,使人变得更自由。校本课程开发重视的不是现存的、静态的知识,而是强调学生自身的体验,强调如何获取有用的知识,强调那些能够帮助学生思考与探索的东西,能够使人变得更为自由的东西。

(二)知识结构

教师参与课程开发,首先要具有相应的课程理论知识,因此为了使自己的工作更具有成效性,教师就不得不认真学习一些课程理论,阅读大量的资料以完善自己的知识结构,以便用科学的理论指导自己的工作实践。这就必然引起教师知识结构的重组,以构建一个合理的知识结构。

四、校本课程开发促进教师专业情感的发展

校本课程开发对教师的精神世界有重大的影响,校本课程开发的实践

给教师带来了一系列新的观念,具体如下:

(一)以学生发展为本

校本课程开发表面上看是以校为本,但隐藏其后的是以学生发展为本。学校是为学生存在的,课程是为学生开设的,教师所做的一切归根到底是为了促进学生的最大限度的发展。校本课程开发本身是以学生为本,所以参与校本课程开发有利于教师形成以学生发展为本的理念。

(二)专家型教师

校本课程开发有利于教师创造潜能的发挥,使其体验成功,从而不满足于做一个消极被动的"教书匠",进而利用自己讲台之主的权利,强化反思意识,从教育实践入手,便捷地进行研究,逐步拥有教学研究的态度和能力,并提升自己特有的教学实践性知识,积极、主动地使自己走向专家型教师。

(三)合作精神

教师职业的一个重大特点是专业个人主义,这种特性使教师长期处于孤军奋战的境地。校本课程开发是教师、校长、家长、学生、社会人员广泛参与的活动,因而必然要求教师与教师之间、教师与校长之间、教师与学生之间、教师与家长之间、教师与社会人员之间、教师与课程专家之间进行广泛的合作,长此以往自然就有利于教师合作精神的发展。

(四)师生关系

校本课程开发扩大了信息来源,教师不再是知识的权威、真理的化身,所以学生很可能超过教师,并把教师问倒,这就可能引发师生观的转变和好学生理念的重建:允许学生提出不同意见,甚至反对自己的意见,并想方设法使学生超过自己。

锦绣小学通过近几年的校本课程开发研究,已经取得了阶段性成果,实践让我们体会到:教师的专业发展是一个持续不断的过程,也是一个不断发展的概念。教师的专业化发展是时代的需要，是社会发展的需要。新世纪的教师不再只是教书匠，而是不断地向学者型发展。教师自身素质的提高，才有利于教育教学的发展和创新，才有利于转变教学观念和教学方式。今后我们将立足校本，加强学科教育理论的研究和实践，坚持"智慧似锦 行止如绣"为办学理念，旨在培养具有"聪明的脑，温暖的心"特质的锦绣学子，积极探讨校本教材开发研究与教师专业化发展之间的内在联系，使教师的整体素质不断提升，为深化教育改革，提高教育质量，办好特色学校作出贡献。

第三节 以课程建设为本的科研促进教师成长

一、课程专业培训为教师成长插上翅膀

对于教师专业素养的提高，较为直接的方式是开展有效的课程专业培训。学校要根据教师的结构，要面向全体教师，了解最新教育热点与导向，定期开展培训，丰富教师的知识，提升教学能力，实现作为教育者的教学相长。

专业培训对于教师教学观念的更新、教学技能的提升有一定的促进作用。开展教师培训可以提高教师的专业水平。同时，教师也要自我反思。反思的过程就是成长的过程，内因和外因的共同作用能量变成为质变。教师在寻求外部支持的时候，也要不断自我更新，从而为专业发展开辟新的道路。两者协同推进，顺利实现质的飞跃。

二、课程建设促进教师自身成长

在学校课程的开展与实践中，新课程改革与教师的成长是一体的，二者之间是共同成长的关系。新课程关注教师的成长，为教师的专业成长提供了平台和条件。没有教师的专业发展，就没有课程的发展。教师的专业成长也影响和制约着课程改革的发展，新课程的内涵形成了新的课程观，

它强调,教师作为"人的因素",不只是课程的执行者,而且是课程的建设者、调适者,是课程实施中问题的协商者、解决者。因此,新课程对教师在课程决策、开发、研究能力上提出了许多新要求的同时,教师的课程地位和对课程的作用也将获得新的提升。中小学教师由"课程外"进入"课程内",在客观环境上可以获得与新课程一起成长的平台与条件。新课程不仅要求教师的观念要更新,而且要求教师的角色要转变。新课程要求教师是学生学习的促进者、教育教学的研究者、课程的建设者和开发者,要求教师是社区型的开放的教师。这是传统课程体制下的中小学教师所难以胜任的,中小学教师只有实现现有基础上的成长才能适应新课程的变化和要求。新课程于中小学教师的适应压力可以转化为教师不断成长的动力。

一个好的课程构想要通过教师才能转换成学生的实际经验,因此,没有教师的专业发展,就没有课程的发展。教师的专业发展是影响课程实施与发展的决定性因素。又由于中小学教师在基础教育中的特殊地位,因此学校课程的有效实施和发展,依靠锦绣小学教师的成长与发展。教师与课程共同成长。学校课程着力于学生的综合素质发展,同样也关注教师的成长与发展,在课程中涉及多个知识层面,而课程所对应的教师却不拘泥于学科教师。锦绣小学的老师们都"身怀绝技",他们除了会学科教学,还有个人的特色,有的老师善于书法、有的老师善于编织、有的老师善于中国传统乐器琵琶、古筝……因此,学校课程也充分设置了更多有趣点,给予学校老师一个展示交流的舞台,让他们在教学中展示自己,给予自己更多的自信,见证自己更大的成长。

三、研行课程公开课助力教师走向卓越

要想成为卓越教师,公开课比赛是必经的、重要的途径之一,这已经成为提高教师专业技能和专业素养的行之有效的途径,也是教师成长、达到自我实现的一个途径。公开课比赛也成为教师专业化发展中的一个关键事件,它为教师创造了一些选择和改变的机会,也是教师自我澄清、思维外化的过程。通过公开课比赛,教师之间共同分析教学中存在的问题,找到

解决问题的途径，在成功与失败之间不断进行反思和调整，促进教师从教学的实践者变成研究者，进而成长为卓越教师。锦绣小学积极组织学科教研，通过骨干教师示范课、日常听评课、新上岗优质课等形式竭力促进教师教学进步与个人能力提升；锦绣小学也组织教师积极参加"研行课程"实践优质课赛课活动，这极大地提升了教师的综合素养。目前锦绣小学教师在各类优质课比赛中成绩斐然，教师们也在"磨课"中获得专业技能的提升。

四、在课程教学实践的反思中实现教育理念的革新

反思是指对已经发生或经历过的事情再度进行回顾、分析、归纳、总结，从中找出其经验与教训，进而重新编制新的方案或策略。美国心理学家波斯纳指出："没有反思的教学是狭隘的教学。"教育反思是提升教师专业水平的法宝，是教师专业发展和自我成长的核心因素。作为教师应具有较强的反思能力，并通过反思不断更新教育观念，改善教学行为，提升教学水平，使自己真正成为教学和研究的主人，实现专业发展。

目前，纵观世界各国一种全新的教育反思方式就是教师专业发展自传。它产生于二十世纪七十年代，西方教育研究领域率先兴起教育叙事研究，通过教师专业发展自传来系统地记录教师个体的教育生活和专业发展历程，关心教育中的个体，注重记录教育的具体情境，关注教育事件的"真实状态"。

教师专业发展自传研究往往是"教学与生活"的自传，可以用"自传叙事"的方式提出自身教师专业发展经历中发生的教学事件或者生活事件。如在听课后，记录每次听课的感受；在校本课程公开课后，记录典型案例进行分析与研究，反思解决策略；在调查研究后，记录自己深度的思考；在教学实践中，发现问题便记录所思所感；在网络研讨和教育著作阅读中，与专家对话。教育叙事是一种纯粹的故事，是研究者对故事的研究，是研究者自己在说话。教师通过对自身专业发展过程中的点点滴滴的梳理、总结，反思自身的成长经历，为专业发展提供更加坚实的基础，有针对性地解决自身专业发展中出现的问题。主要意义和价值体现在以下三个方面：第

一,推动教师自我唤醒、自我反思,自传的写作过程就是一个自我思考的过程。教师专业发展自传是"讲述自己的故事",主要目的不是炫耀自己的过去或给后来者留下经验教训。教师在"讲述自己的故事"的当下,就可能发生"自我反思""自我唤醒"的效应。第二,显现教师的"个人化实践知识",在教师的"个人生活史"的叙说中不知不觉地显现出来,从而缓解"认识你自己"的疑难。第三,通过"自我反思"提供有关教师成长的秘密。让老师们以这种说话的方式学会"自我反思",并经由"自我反思""自我评价"而获得某种"自我意识"。

锦绣小学的老师是一支年轻而有力量的团队,对待工作,他们积极认真;对待生活,他们满怀热爱;对待自己,他们奋进求知。锦绣团队的老师们善于反思,每个月他们都会将最近一个月的教学和生活进行思考形成总结,在反思中,他们的教学感悟点清晰可见的由浅入深,能在听评课中看见自己、看到别人是可贵的;在反思中,他们也在调整自己的心理,对待工作和生活他们有着一片热忱,尽力调整自己的工作情绪和生活态度指引自己更好地面对每一天。

有人说:"当教师不直接谈论教育理论,只反思教育生活中发生的教育事件时,教师的教育理论常常蕴涵其中,而且这些教育理论已经不是一般意义上的理论,它已经转化为教师的教育信念了。"勤于学习,善于反思,距离名师就会越来越近;勤于反思,善于积累,便会在成长的旅程里凝聚为"珍珠",厚积而薄发。

五、研行课程研究帮助教师提升研究能力

研行课程的创设无疑为教师的课题立项,提供了丰富的研究机会、独特的研究情景、鲜活的研究问题、最佳的研究位置,为教师开展研究活动提供了优越的研究条件。教师应时时留心周围的一切,自觉以研究者的眼光审视、分析和解决教学中出现的各种问题。"教师即研究者"是新课程对教师的要求,教育科研是名师与普通教师(专家型教师与教书匠)的分水岭。尤其是课题研究,对于提升教师科学素养和理论水平具有特别重要的推进

作用。

教师进行的课题研究一般包括微型课题和教育科研课题两种研究形式。微型课题研究是指教师在迫切需要解决的具体教育教学实践问题中，选择研究范围比较微观、研究内容比较具体、研究切口比较细小、研究周期比较短暂、容易操作且有能力完成研究任务的问题进行研究。其主要特点是：解决教育教学实践中的某一具体问题，教、研、用三者是一体化，具有应用性；人人都是研究者，个个都是主持人，具有大众性；教师自主发现的教学中问题，自己遭遇到的课题，具有自主性。

教育科研课题研究应注意的问题：首先，选择一个合适的课题，"提出一个好的研究问题，意味着研究已经完成一半了"。因此，确立课题应遵循基本的原则是：面向实际，站在前沿，重在应用，强调合作。问题来源于教育教学实践反思或教育热点问题等。如翻转课堂下的教与学、课堂教学有效性、教材整合与应用、学科课程资源的开发与利用等。其次，课题研究的方法要恰当。课题研究常用的方法是"行动研究"，其基本内涵包括四个方面：一是"行动者的研究"，即研究的主要主体是教育教学实践的实施者（教师或教育管理者）；二是"为了行动的研究"，即研究目的不是验证或构建某种教育理论，而是改进教育教学实践，并促进教师专业发展；三是"对行动的研究"，即研究对象是行动者自己实践中存在的问题，而不是抽象的理论问题或者他人实践中存在的问题；四是"在行动中研究"，即研究过程与行动过程同时推进，相伴相随，但并非合二为一。第三，课题研究的思路和步骤要清晰。开展课题研究的关键步骤是：分析教育教学问题—寻找解决方法—尝试解决教育教学问题—把解决问题的过程总结出来—把总结出来的方法运用到教育教学实践中。

教师课题获奖证书

六、课程创设的相关书籍催生教师教育智慧

读书学习是教师的立身之本,是促进教师专业成长的基石。

首先,读书学习可以满足现代教育的需求。当今教育的发展,要求教师对学科知识能系统整合、灵活调度,跨学科的或人文、或自然、或社会、或经济等知识丰富广博,教育学、心理学、新课程理念和信息技术手段运用自如。现代学生的成长,需要教师像一个巨大的"磁场",无论走到哪里,中心都随之转移到哪里。而且有"胸藏万江凭吞吐,笔有千钧任翕张"的气概,引经据典,妙语连珠,给学生以充实的知识和心灵的震撼。因此,教师必须博览群书、兼收并蓄,才能支撑起知识的天空,满足现代教育发展的需求。

其次,读书学习可以丰富教师的生活。教师读书学习就像歌手练声、枪手打靶,是教师的"看家本领",像呼吸、吃饭一样自然,应融入日常生活中去。教师要天天看书,终生以书籍为友。唯有如此,教师才能以自己的书卷之气,去熏陶学生,使之热爱读书,与书为伴,成为未来书香社会的"读书人口"。唯有如此,教师的思想的河流才能潺潺不断,才能提高生命的强度。

第三,读书学习可以提升教师的精气。教师悠游于书籍之中,聆听古圣先哲教诲,欣赏宇宙的真谛和振聋发聩的哲理睿思,感悟人生,感悟世界，从不同角度追问、挖掘自我，不断提升"已成的我"，在书香四溢中经营自由的心灵、睿智的精神和丰富的文化，不断提升自己的魅力、品味、气质和精神境界。

第四，读书学习可以增长教师的职业智慧。新时代的教师应该是有才华的、富有教育智慧的。读书学习，能够让教师易于感知这个世界，易于走进学生的心灵，能在各种情境中做出独到的判断。读书学习，能于无形中提升教师的锐气、灵气、慧气，"腹有诗书气自华"，可以催生职业智慧。

教师读书学习的途径主要有两个方面：一是读专业书，提升知识内涵。教师的专业成长主要是学科专业知识和教育专业技能地不断丰富与提升，包括教育能力和职业道德等方面地持续发展，是一个持续的、动态的、不断深化的过程。要求教师必须不断地读书、努力学习、终身学习，持续提升知识内涵和专业素质。二是博览群书，丰厚文化底蕴。读陶行知，能让我们知道"生活即教育"；读苏霍姆林斯基，能让我们不断改进教育方式；读《红楼梦》，能让我们触动"怀金悼玉"的辛酸；鲁迅的冷峻犀利、冰心的柔婉多情、林语堂的潇洒倜傥，总会悄悄扣动某一根心弦……读优秀的作品，能潜移默化地学会准确、精炼的表达；阅读经典的教育著作和教育理论，能够成为教师专业成长的营养品。

七、研行课程的写作帮助教师凝练教育主张

快速成长的教师都喜欢迎接挑战，他们不仅敢于参加各种教育教学竞赛，不断求证自己的教育教学能力，在这过程中，他们善于反思，总是严格要求自己，做到精益求精，在教学中也慢慢凝练出自己独特的教学主张。比如李镇西老师、窦桂梅老师、李吉林老师等，他们充满教育智慧，经常把自己的教育经历、教学经验、教育思考等写下来，通过文字积累了一篇又一篇宝贵的教育文章，汇编成一本又一本的教育著作。这些名师提出的教学主张对我们有很大的学习参考，甚至很多时候我们已不知不觉中应用了他们的教育智慧与成果。比如"情境教育""赏识教育"等都是建立在这些名师名家成果基础上的。

第七章 核心素养为本的"研行课程"建设成效

第一节 "研行课程"的力量

一、研行课程改革的目标

进入新时代以来,为了适应世界教育改革发展趋势、提升我国教育国际竞争力,课程改革势在必行。《基础教育课程改革指导纲要(试行)》(以下简称《纲要(试行)》)指出,新课程的培养目标强调:"要使学生具有初步的创新精神、实践能力、科学和人文素养以及环境意识;具有适应终身学习的基础知识、基本技能和方法;具有健康的体魄和良好的心理素质,养成健康的审美情趣和生活方式,成为有理想、有道德、有文化、有纪律的一代新人。"可以看出,基础教育新课程的培养目标改变了过去注重知识传授的倾向,使获得知识与技能的过程成为学会学习和形成正确价值观的过程,突出了创新精神和实践能力的培养,体现出很强的时代特色。

"以学生发展为本的教学",培养和提升学生发展的核心素养是我校一直以来坚持的育人理念。因此,锦绣小学"研行课程"的课程目标就是去寻找每个学生擅长的方向,并为学生创造多元的学习场景,从丰富多元的综合实践活动中,让学生展示一下从来没有展示过的才能,多种类型的评价中为学生搭建广阔的发展空间，让学生品尝成功的幸福，产生再成功的动力，以至连续成功，从而激发智能，发展个性，全面提升学生的核心素养。

有学者指出，在新课程改革之下，"学校应该是教育改革的中心、科学探究的中心、课程发展的中心，教材是范例，教室是实验室，教学是对话、交流与知识创生的活动"；"教师即研究者"，教师的教学策略与学科知识是提升学生成就的关键，因此教师的专业发展对整体教育改革至关重要；"学生是知识的构建者"，学生是一个独立的有思想的个体，而"家长是教育伙伴"。

（一）研行课程改革的转变

1.研行课程改革带来的转变（宏观）

基础教育新课程所带来的教育观念转变，成为这次课程改革的又一个亮点。教育观念的转变是多方面的，很难一概而论，但以下几个方面是特别值得关注的：学校是教育改革的中心、科学探究的中心。随着基础教育新课程的不断发展，学校的办学自主权日益扩大，学校对课程、教学、教师发展等有了更多的发言权，因此，过去的"官本""国本"等僵化的管理体制正在被打破，学校将成为教育改革的中心。这就意味着，教育改革将走向每一个教师自己的生活舞台，更加关注教师自己的生存空间和生活方式，重视教师的赋权感和专业能力的发展，强化所有成员分享共同的价值观和规范，使学校更具活力，更有效率。一旦学校成为教育改革的中心，基础教育便有了振兴之日。同时，学校的传统功能正在发生深刻的变化。学校不再仅仅是传授知识的地方，而且日益成为探究的中心，兼具教授知识的生产者和传播者的双重角色，科学探究将成为新型学校的重要特征，突出学生创新精神和实践能力的培养将成为学校首要的重大使命。

随着新一轮基础教育课程改革的全面展开和教育教学改革创新的全面推进，广大教师的教学思想和观念有了明显的转变。新的课程体系给教师留出了充分的驾驭教材的空间和余地，而新课标的目的也在于帮助每一个学生进行有效的学习，使他们受到更好的教育，因此教师、学生在新的课堂教学过程中的观念、行为、角色都随之发生了变化。

2.研行课程改革带来的转变(微观)

(1)学校角度:从众多学校中脱颖而出

为了开发学生的潜能,引导学生更好地学习,学校从以人为本的民主管理和教育思想出发,树立"每个学生都具有在某一方面或几方面的发展潜力,只要为他们提供了合适的教育,每个学生都能成材"的信念;树立促进教师与学生全面、充分发展的教育理念,将教师和学生同步发展融合在教育教学过程中。借鉴多元智能理论,学校通过多种方式向教师们阐述了以创新、发展为核心的新的教学理念,引导教师对自身潜能及其实践价值进行评估,帮助教师自我开发,发展个性特长。通过开发教师潜能,许多教师把对自身潜能的开发与教学紧密结合起来,运用到对学生潜能的开发中去,注重对学生能力的培养,形成自己的教学特色。

每个孩子身上都拥有着无限的可能性,而且学生的各项潜能是互相影响、促进的,只要一盏灯泡通上电,其他各部分就像是串联电路的各个部分也接连亮起来,由星星之火发展为燎原之势。教育的作用就是循循善诱之,开发学生最大潜能。因此我们把开发学生潜能、塑造健全人格的研究引入到课堂教学,强调在教学的各个环节突出学生的自主学习,努力探讨开发学生潜能的途径、方法;《纲要(试行)》指出"评价不仅要关注学生的学业成绩,而且要发现和发展学生多方面的潜能,了解学生发展中的需求",我们将开发学生潜能引入到学生评价中,努力探讨学生发展性评价的方式方法。教师要从促进学生发展的目的出发,从不同的视角、不同的层面去看待每一个学生,关注学生的个体差异,尽可能满足不同学生的学习需要,努力发展每一个学生的多元智能,从而使每一个学生都得到充分发展。我们在强调促进学生发展的时候,还提出要"挖掘精神潜能"。所谓"精神潜能",是指人所具有的思维,特别是反思性思维,以及追求和满足精神需要的潜在能力。这同素质教育强调培养学生的"创造精神",高度重视培养学生的创新精神和实践能力,强调教育教学要把孩子教得越来越聪明、越来越能干、越来越富有人类感情是一致的。学校也因此获得了办学先进单位、教育改革基地、骨干教师培训基地等各项荣誉。

（2）教师角度：骨干教师、名师崭露头角

第一，教师的教学行为发生了巨大变化。

教师在教学过程中要与学生积极互动、共同发展；教师的教学方式，重要的是要创设丰富的教学情境，信任学生的学习能力，营造一个轻松、宽容的课堂气氛；教学活动具有创造性，可以结合课堂的具体情境和学生的兴趣灵活发挥；知识的学习不必遵循固定不变的程序，应该根据学生的需要因势利导；学生的学习是一个主动建构的过程，不必将知识作为"绝对的客观真理"强加给学生。校本课程的创设使我校的年轻老师发生了质的变化，骨干教师、专家教师也越来越多。王新新、杨申、单赟涛、石冬岩成为区骨干教师，秦晓莉、郑丽娜老师成为市级骨干教师，黄锐校长成为市名师。

第二，教师在教学中要与学生确立崭新的师生关系。

旧的师生关系已经越来越不适应时代的发展，老师与学生已绝非简单的"教"与"学"的关系。在教学过程中，如果不确立崭新的师生关系，就会少了理解，少了引导，多了批评，多了抱怨。实际上，新时期的师生关系是多种关系的集合体：学生犯错误时，老师应该是严父，及时纠正，绝不迁就；学生有困难时，老师就是医生，及时"对症下药"，开出一副副鼓励的药方；学生高兴或痛苦时，教师应该是他们的知心朋友，与他们分享喜悦或悲伤。总之，教师应该因人而异、因时而异不断变换自己的角色。教师最主要的就是要以朋友的身份出现在学生面前。只有确立崭新的师生关系，教师教学方式才能发生质的转变。

第三，懂得教学也需要反思，在教学实践中学着写反思。

在课程改革之前，教师根本不知道教学中还需要反思。如果说有，那也是对自己上课过程中知识上失误的自我批评，也仅仅是知识上的。一般不会在课上完后去考虑他的设计或教学方法上的问题，一种常有的心态就是"过去的就让它过去吧"。过去我们太重视知识的传授，教学目标是今天要让学生掌握哪些知识点。而现在则更关注学生学习的过程，关注学习之后能够做些什么。如今教师在一节课后常习惯性地会想一想这节课的过程是否符合课程的理念,在知识传授的同时是否对学生的能力进行了培养。并且把想到的这些简要地写在备课本后面。教师发现这样坚持的结果使他的思考能更加深入,能使自己写出更多更好的案例和论文。

(3)学生角度:聪明的脑,温暖的心已然形成

第一,学生真正成了课堂教学的主人。

与传统的教学方式相比,学生成为学习的主体、学习的主人。学生有了较强的学习独立性,有了主动探究、获取知识的权利,有了独立思考、独立表达、独立解决问题的能力,(在课前设定整体教学内容后)学生(学习小组)可以自主地选择(具体)学习内容、学习方式、学习的途径等。在这种教学模式的课堂上,学生的个性、权利、尊严得到最大程度的张扬,师生互动关系得以真正体现,学生实现了由"配角"向"主角"的转变。教师设计的"学案"都是从学生的角度、从学生的学习实际考虑,立足点是帮助并促进学生自学,力求把学生放在主体地位、主人地位。学生依据"学案"可以选择适合自己认知层面的问题加以解决,还可以根据个人兴趣、爱好、特长,自主地选择所要解决的问题。整个学习过程,都是学生自主决断的过程。这极大地唤起了学生的学习热情,从过去的"要我学"变为"我要学",激发了他们的参与热情。在课堂教学改革的实践中,学生在学习态度、学习方式等方面发生了根本性的转变,主体性得到真正发挥,学生真正成了课堂上学习的主人。

第二,学生的自学习惯初步养成,学习能力有所提高。

以"学案"为依托,学生能够在课前根据教师出示的知识内容、重点、难点把握学习思路,自主地展开预习,学生能够独立地发现问题、分析问题和解决问题,培养了独立(通过网络、学科间的联系等)获取知识的自学能力,提高了学习效率。在充分预习的基础上,学生以最佳的精神状态进入课堂。能够做到全神贯注的学习,积极认真地思考,并将预习时对教材的理解与教师的观点相比较,加深对知识的理解记忆。通过对知识的识记、理解、运用,力争把所学内容当堂掌握;勇于答疑,对教师提出的问题,认真思考、积极发言,既加深了对问题的理解,又培养了他们表达能力和勇于探索

的精神。

此外，学生阅读、搜集处理信息的能力提高了。在课堂上，我们经常可以发现，围绕一篇课文或一个主题，学生会收集到相关的各种各样的资料，学习不再只局限于一本书了，而是拓展、延伸到生活世界、科学世界和网络世界的各个角落。

第三，课堂教学使"盲区"得以关注，每个学生都能积极参与。

课改给学生创造了思考的空间，使学生能够积极参与每堂课的教学活动，体现了新课程所倡导的学习方式，即在知识与技能、过程与方法、情感态度与价值观上科学的引导的同时关注每一个学生的参与与发展。依据"学案"，每个学生都能在课前有自己的任务，小组依据所选学习内容有分工、有合作，独立与小组预习相结合。在课堂上，学生比以前更具有独立性、自主性，表现出强烈的自我发展的欲望，这使问题的挖掘深度和课堂学习效率得到了最大的提高。课堂不再是个别学生精彩展示的舞台，而是全班所有学生质疑、交流的空间，每个学生都能根据自己对问题的理解，与教师、伙伴开展认真的对话与交流，大部分学生由"看客"变为"参与者"，每个学生都找到了归属感，获得成就感。今天的课堂，真正成为所有学生共同展示、发展的课堂。

第四，学生的个性有明显变化。

新教学模式的实施，真正地做到了以人为本、激活思维、张扬个性。课改以来，真正的变化是学生个性的改变。这不是一种单纯的表面的变化，而是来源于心理、思想上的转变，是一次质的蜕变，这也是课改倡导者最大的追求所在。传统的课堂总是力求整齐划一，把不同的学生培养成为同样的学生，违背了"以人为本"的理念。"以学定教，同案协作"课堂教学模式使学生的学习方式由单一性转向多样性，提倡让学生在读中学、听中学、做中学、在思考中学、在合作中学，让学生了解和掌握更多的学习方式，从而获得学习的乐趣与全面和谐的发展。如今，在每个班的课堂上，都能体现不同的风格，这说明学习已经充分体现出个性化，学生们感到了学习成功的欢乐，在他们的心中唤起了自尊感和自豪感。

第五,学生的表达能力与合作意识有明显提高。

学生的交流表达能力提高了,课堂上教师鼓励学生发表自己独特的见解和真实感受,引导学生说心里的话、自己的话。为了寻求问题的最佳解决方案,学生彼此之间也会自然地开展合作学习,在合作学习的过程中,他们经常交流自己的学习心得、交流彼此的看法、交流思想情感的体验。我们欣喜地看到,一些后进生"敢说话"了,"会说话"了,"说"的能力普遍提高了。由此,我们欣喜地看到了孩子们的变化,他们变得自信而开朗,在课堂上,他们大胆提问,善于思考,勤于实践;课下他们坦诚交流,互相帮助,积极乐观地面对生活。

二、今日的课程改变明日的学校

课程,是学校教育的核心,是学校所有教育教学活动的总和,学校的教育目标与教育价值要通过课程来实现。课程是育人的核心和载体,决定了学生走什么路,去什么地方,拥有什么样的眼界。学校课程由三部分组成,国家课程、地方课程和校本课程,学校的课程设计与办学理念是紧密相连的,高远的办学目标和正确的办学方向,是一种信念,是行动的指南。在学校里,课程连接着学校和学生两头,针对学生的教育教学主要是通过课程实现的,学生在学校的活动几乎都和课程有关,课程的竞争力决定学校的竞争力,课程的影响力决定学校的影响力。

由于人们认识角度的不同,所以对"课程"的内涵也有不同的理解。但一般认为,课程可分为狭义和广义两个方面:狭义的课程是指教学内容,主要体现在教科书、课程计划(教学计划)和课程标准(教学大纲)中;广义的课程是指学生在学校中获得的经验,它包括学科设置、教学活动、教学进程、课外活动及学校的环境气氛等,也就是说,广义的课程不仅包括课程表所规定的显性学习内容,也包括学生的课外活动及学校中潜在的各种文化教育因素,它不仅指书本知识,也包括学生个人所获得的感性知识,个人经过系统的整理由反复实践反复检验的科学知识,以及个人的经历产生的情感体验,可以说广义课程的内容是更广泛的,更有助于我们认识课程的内容，而这些课程也对学校产生直接的影响。

华东师范大学教授钟启泉说"新课程改革的实质是重构学校文化"，也就是"课程改变，学校随之改变"，那么问题来了，谁来改变课程？谁来改变学校呢？钟启泉教授给了我们答案，"教师即课程，教师即学校文化"，这一观点既回答了前面的问题又给我带来了深深的思考。

首先，学校的核心是课程，而课程的核心是由课程本身的性质决定的，抓住课程就等同于牵住了重点，其他工作就会很轻松地带动起来；其次课程承载着国家的意志、教育的目标，是教育教学的内容，也是教育教学的归宿，学校的培养目标在学校课程计划中有着集中体现；最后教师凭借课程、通过课堂教学，达成国家的教育方针、育人目标，可见课程具有重塑教师的力量，因此课程的设置在学校中有着重要的意义。

教师是课程实施的主体，教师的成长关系到课程改革能否深入。同样教师肩负着的传承文化、创造文化的使命。因此，教师面对复杂的社会环境必须保持清醒的头脑，学校是文化的天地，学校本身就是传播文化的机构，教师完全可以尽可能施展自己的才华，培养变革的意识和组织对话与批判反思的能力。

有强烈课程意识的教师有着敏锐的建构力，会及时把学习、生活中的相关信息进行统整变成校本课程、教师课程。教师是课程的开发者与建设者，每一位教师都应该致力于校本课程的开发与实施，为学生的个性发展搭建舞台。教师要通过校本课程的开发，逐渐形成自己的特色课程，让学生受益，让自己在学校课程的开发中体现自身价值、体会教育幸福。任何改革总得要有人为之付出代价，我们力图抵御改革的风险，尤其是要让教师在改革中避免风险，不至于付出超常的代价。

随着对课程改革的逐步深入理解，我们越来越意识到，特色课程是学校生存与发展的关键，学校只有通过特色课程建设这种内涵式的发展道路，合理并充分利用学校已有的资源，发掘并扩大优质资源，才能促进学校更好的生存、发展。我们知道办学特色是学校的灵魂，有了灵魂就有了方向。所以学校根据社会发展的要求以及本校实际，以校本课程为依托，发展学生各方面特长,全面提升学生的素质,从而形成健全的人格,让每一名学生都能健康快乐地成长。校本课程的开发与学校和教师的发展有着密切的联系。

教师用自己的特长去开发相应的课程,既是专业知识和专业技能的体现,又能体现教师的特色。以音乐学科为例,锦绣小学的特色乐器是尤克里里,那么相对应的尤克里里社团正是需要我去创新的,简单的弹奏学生一学就会,那么如何才能将其发挥到最大价值?我们依据三大教学法和观看很多的视频素材及培训,得到很大的灵感和创新,将尤克里里与其他乐器相结合,比如非洲鼓、木琴、碰铃、古筝、大提琴等,根据曲子的不同选择相匹配的乐器,将曲子进行重新的梳理和演奏形式的改编,最后呈现的演奏就会提高一个档次。教学的方式上我们采取两人一琴的弹奏,一人按品一人指弹,这就需要学生两人之间的默契,当然练习过程也促进对学生间友谊的加深和培养,艺术的熏陶和潜移默化能够丰富学生对伙伴的友爱之情,丰富学生的情感世界,虽然课程是不变的,但理念与教学方式与方法的转变还是给课程带来了巨大的转变,在实践中看到学生的欢乐笑脸,看到弹后他们交谈着刚才演奏过程中的问题以及接下来练习应该注意什么和怎么去做,老师的脸上露出了喜悦的笑容。

学校要国家课程和校本课程并举、校内引导和校外活动结合、课内和课外联系,共同构建丰富多彩的课程。泰勒曾说:"课程是学校教育的核心任务。"我们应该抓住课程改革这一核心,引领学校内涵发展,为学校的发展注入生机和活力。

第二节　课程的愿景

一、美好愿景,同心同行

校本课程关注每个学生的需求,给每一位学生发展的空间。我们以

"聪明的脑、温暖的心"的育人目标为指导,基于学生发展核心素养,促进学生多方面发展。

以美研课程为例,"美研"课程通过环球之旅为主线,以学生的年龄特征,背景经验和学习兴趣为设计基础,课程内容丰富多样,培养学生的综合能力,形成科学的精神和态度以及技术创新意识。通过用眼观察,用心感受,用手创造来发现美,欣赏美,创造美,表达美,提升审美能力和素养,焕发对美的热爱,也开启他们对美的感知,激发创造力。当然,在这其中也让学生对"美"的认识逐步加深,特别是对我国的传统文化,并且能从我们的传统文化中汲取养分,进行发展创新,使我们的文化在新时代得以延续,提升文化自信,实现与文化的平等对话。同时,学生自身的美术素养和能力都能得到不同程度的发展,同时对"美"的含义也日渐丰盈,从生活中的美拓展到心灵美,进而追求美。美研课程培养了学生对美术的兴趣、爱好,丰富学生的文化生活,也是我们对课程建设的探索与思考。

学生是主体,是一个与生俱来的探索者,通过学生的作品,我们也走进了学生的世界,相信在一次次有关美的发现与创造中,学生们也实现了他们关于自我和世界的认识与追寻。我们也希望学生作为一个真正的个体在知识的领悟选择评价等方面能体会到主体的身份,让学生感受到自身与美研课程相遇时的美好,让他们真正意义地感受到在丰富的"知识海洋"中属于自己的精神天地。当然,借助美研课程的丰富性,我们也相信可以打开他们的心底那片美妙的世界,让这个世界充满爱。

回望过去,我们以"迎春花儿开,朵朵放异彩"为美好愿景,努力探寻课程建设新常态,进一步彰显"希望"的核心价值,步履坚实地行进在"春天教育"文化实践征途上,带着美好的课程期许,给孩子以完整的人格滋养,让个体潜在的能力得到自由、充分、和谐的发展,并伴随情感、意志、态度等个性的产生。

我们希望学生日渐成为美的追求者、美的实践者、美的传播者,最终成为美的一分子,成为真正意义的"完美人"。我们将继续以学生快乐为目标,以创建特色学校为追求,同心同力,扎实工作,用心智和汗水铸造新的辉煌,我们深信,创造特色学校是我们的坚定方向。"聚是一团火,散是满天星",我们将继续潜心专研,继续努力树立好学校品牌,创造更加美好的学校。我们胸怀着提升学校校本的美好愿景,在学习中思考,在深思中感悟,自身修养得到加强,综合专业能力得到提高。相信在专家的引领下,在教师"教育之路漫漫而修远兮,吾辈将上下而求索"的开拓进取、勤学深思中,我们一定能实现"迎春花儿开,朵朵放异彩"的美好愿景,共同谱写出锦绣瑰丽的篇章。

锦绣小学以"研行文化"为育人方略,爱满天下,乐育天下英才;锦绣教师,立身以正,是教育的传播者;锦绣学子,善行善学,学做真人,是教育的践行者。

我们坚信,美立德,研立才;我们坚信,美正人,研正己;我们坚信,美是教育的灵魂,研是教育的途径。郑州美好教育和中原品质教育的引领与支持,是催化锦绣蓬勃发展的支柱。"育人为本,德育为先",培养静研修业、以敬守拙、勇竞求进、以净养德的品位教师与敬师敬识、净心净言、静思静读、竞创竞行的品质学生是学校不变的教育追求。研行课程的创设引领学校进入新纪元,学校得到社会和家长的一致好评,我们期待在未来的教育时光里,锦绣用自己的发展和学生的成长为中原教育增光添彩。

二、展望未来:坚守课程改革,打造美好锦绣

雅斯贝斯曾指出:现代教育的根本问题是教育本质的失落和整体精神的丧失。如果忽视了原点,那么教育便像无水之源、无根之木,而现代教育的危机从根本上而言是"原点"迷失的危机。因此,核心素养为本的新时代背景下的课程研究与开发亟须回归学校教育原点。

(一)教育的原点在哪里

从某种程度上讲,现在的教育问题不仅仅是中小学的问题,也不仅仅是大学的问题,而是整个国家的教育问题。其中最根本的问题,就是教育的精神价值的失落。如果要解决这个问题,首先要回到教育原点上来,追

问我们办教育是干什么的?大学是干什么的?中小学是干什么的?如果这些根本的问题不解决,其他的枝节问题就无从谈起。因此,教育不仅仅是简单的学与教,而是一种价值追求。

对于教育原点这一问题,教育界的普遍看法有两种:一种是"教育的原点是人"。教育的奥秘是人,要想把握教育的本质,必须先认识并了解人。对人有了充分而彻底的认识,获得教育人所必备的知识,才可以使教育之花繁盛不衰。故而在校本课程的开发和实践中,要以生为教育基点,激发学生的潜能和智慧,以促使其健康发展。另一种观点是"教育的原点是生命"。人是一个完整的、独立的生命存在,有丰富的、多彩的生命体验,是理性与非理性的统一体。基于以上两种看法,当下带有普遍性、一般性的结论就是:人是教育的原点。生命是教育的原点。

锦绣小学基于学生发展核心素养,基于学校学理念,以此为思路构建学校"研行文化"。"研行"指的是:敬、静、净、竞。我们应该影响学生以静立学,以净立德,以敬立身,以竞立志!立身:谦以自律,敬以待人。立学:学即入静,才思敏动。立志:志以成学,竞以促进。立德:厚德守礼,明净自然。通过研行达到智慧与品行交织如锦的育人目标。

以研行:净敬静竞为主要的一个核心内容,结合项目化教学的模式,上课先给学生几个任务,用任务驱动学生自己去发现知识,自己研究。具体的德育关系与课程内容力求达到的目标,如表7-1所示:

表7-1 德育关系与课程目标表

积极关系	积极情绪	积极自我	投入	成就
认识关系	认识情绪	认识&接纳自我	寻找&探索意义(人生的投入感)	认识与探索:成就的多元化
同理心	培养积极情绪	品格优势	人生意义与现实目标的连接	小项目实践:达成集体成就
改善和提升关系之路	管理消极情绪	自尊&自信	创造福流(学习的投入感)	小项目实践:达成个人成就

(二)为何要回归教育原点

在教育实践过程中,违背教育原点的现象屡见不鲜。从基础教育中的填鸭式教学、"一刀切""一锅煮",以分数作为衡量学生的唯一标准,到高等教育中狭隘的功利主义、短视肤浅的实用主义、冰冷的工具主义等等,这些都是教育背离原点的异象。在追逐这些浮光掠影时,人们或有意或无意地忘却了教育的对象是鲜活的、有血有肉的"人",而非冰冷的、无情无感的"器",淡漠了教育培养的是健全的"人"。

人,除了有专门才能贡献人类外,他还有自己的理想、有健全之理性、有纯真之情感、有懿美之德行。他们对于世界、对于社会有自己的认知和观点,对古往今来所有有价值的东西,譬如文学、美术、音乐等有丰富的感知力和鉴赏力。除了肉眼可见的物质生活之外,丰盈的、充满活力的、创造性的精神生活也是他完整生命的一部分。教育之教是成"人"之教,而非成"器"之教,教育除了给人专门知识外,还要养成一个明晰的头脑、热烈的心。

课程的设计围绕着教育目的而展开,课程发展的核心与本质是提升学生的学习力,培养他们积极乐观的态度,激活他们潜在的创造力和挑战性。因此,学校作为拥有课程自主权的一方,应首先明确教育愿景和目标,着眼于解决现实存在的问题,整合课程资源,开展课程,切实回归教育原点。

锦绣小学通过美研研行课程建设的研究,课程的主题以学生的兴趣为导向,以实际生活为课程的主要内容,改变传统校本课的模式,使学生更主动地投入到学习活动中去,学习的内容更加贴近学生的实际生活,并融入传统教育容易忽视的劳动教育和美育,让学生在普通的课程中找到属于自己的特殊发展方向和发展途径,更主动地实现全面发展。

(三)如何回归教育原点

英国课程专家约翰·伊格尔斯顿指出:"我们曾把主要的努力集中在国家课程计划上,但10年之后我们终于慢慢认识到,如果我们的目标是学校中的变革,那么就必须通过学校来发动变革。"校本课程如何才能回归学校教育原点呢? 这一进程任重而道远,具体路径如下。

1.解读文化,聚焦素养,提炼校本课程目标

当前,我国正在推行学生发展核心素养为本的新一轮基础教育课程改革。基于此,校本课程回归学校教育原点,首要工作就是建立本校学生发展核心素养体系,而核心素养只有与校园文化紧密相连,才会焕发出无限的生机和活力。学校依据"智慧似锦 行止如绣"的核心办学理念,在充分考虑小学生身心发展特点和学校文化的基础上,将核心素养聚焦到"健全人格、社会责任、问题解决、人文情怀、审美情趣"五个着力点上,以"研行"课程打造"研行"少年,使人类文化的精华内化为学生的种种见识、能力、品格。

2.明确思路,突出重点,建构校本课程体系

课程内容的选择与组织,应从"促进学生核心素养发展"这一学校教育的原点出发,打破传统的三级课程分类体系,将原有的国家课程、地方课程、校本课程扁平化,通过整合、拓展、补充等方式重组课程内容。必修课程的校本化实施,是在实施好国家、地方课程的基础上,以跨学科课程整合作为补充,开发衍生课程。学校课程的特色化开发则要依据本校、本土资源,单独形成本校课程。衍生课程和本校课程共同组成学校的校本课程。

学校教育的根本目标是培养完整的人,只有通过培养人的核心素养,使其能够很好地处理好个体与自我、个体与社会(包括人类社会与自然社会)、个体与国家、个体与人类文化之间的关系,才能真正实现教育的个人价值、社会价值与国家价值的统一。

3.编写教材,隐性开发,丰富校本课程内容

教师应该基于学生核心素养的发展来创新教育教学方式方法。这包括两个方面的含义。其一,超越学科教学,回归促进学生核心素养发展的原点来开发教学方式方法,例如,"合作担当"是社会责任核心素养的主要内容之一,为此,教师在教学过程中可以开发和采用合作学习、小组学习、同伴互助等新型学习方式。又如"审美情趣"是文化修养类核心素养之一，为此，教师根据各学科的特点，进行审美式教学方法的开发与创新。其二，意指基于学生发展核心素养，重新反思和整理已有的各种教育教学活动，在此基础上进行科学的重组和安排。我们给学生不同的学习任务，以促进学生不同核心素养的发展。例如，在数学教学中，布置学生整理复习笔记，将促进学生自我管理的学习素养；布置学生通过建模来解决复杂问题，则促进学生运用数学思想、实践创新、规划管理等多种核心素养的形成。为此，教师应时时注意从孩子核心素养发展目标出发，审视、建构和创新合理的教育教学方式方法。只有这样，校本课程才能真正回归到学校教育的原点。

4.立足多元，服务成长，落实校本课程评价

回归学校教育原点的校本课程能否真正实现，最关键之处还在于课程评价工作的推进与落实。以"找到学生闪光点"为评价原则，将校本课程的评价多元化，力求评价方式多元、评价主体多元、评价维度多元。把校本课程评价制度化，依托开放性评价，对学生进行不同学科、不同领域的综合评价。以活动为依托，为学生核心素养的考核提供平台，为学生提升知识技能搭建桥梁。

最后，要加强内外部评价的对话。通过内外部评价的互动，能够实现促进学校改革发展与绩效责任的双重目的。面向新的时代，校本课程将肩负起推进和深化新一轮基础教育课程改革的重任，能否有效地促使校本课程回归学校教育原点，将成为新课程改革目标能否达成的关键点之一。展望未来，在教师专业化与课程民主的合力推动下，我们的校本课程将始终围绕"促进和发展学生的核心素养"这一新世纪的教育目标，在回归学校教育原点的征途中前行。

致　谢

在完成这本《研行锦绣：基于学生核心素养的"研行课程"体系建设》之际，我想要表达我最深的感激之情，向那些在我学术旅程中给予我支持、鼓励和帮助的人们致以诚挚的谢意。

首先，我要由衷地感谢华南师范大学的左璜教授。她的专业知识、耐心指导和无私奉献为本书的内容质量提升贡献了重要力量。在学校核心素养课程建设的探索实践上及在本书撰写和出版过程中，左璜教授的指导和鼓励都是我前进的动力。

还要衷心感谢中原区教育局教研室，为本书的出版提供了全方位的支持和保障，本人才得以有机会将学校课程改革实践成果呈现给广大读者。

此外，我要特别感谢在本书撰写及出版过程中的提供巨大帮助和无私奉献的老师：王志华、陶娟、唐敏、张静、王新新、高文君、杨申。他们的洞察和建议对本书的框架和内容产生了深远的影响。

最后，还要感谢编辑和出版团队，他们的严谨和专注，使得本书的语言和结构更加清晰和准确。并且在筹备出版各个环节的精心策划和高效执行，为本书的顺利出版提供了坚实的保障。

我期望本书不仅能够达到读者的期望，还能为学校核心素养课程改革建设领域的探索和研究提供实质性的帮助和有价值的借鉴。